亦兵教育文集

石亦兵◎著

天津出版传媒集团
天津人民出版社

图书在版编目（CIP）数据

亦兵教育文集 / 石亦兵著. -- 天津：天津人民出版社，2021.6（2023.12重印）

ISBN 978-7-201-16580-6

Ⅰ.①亦… Ⅱ.①石… Ⅲ.①教育工作—文集 Ⅳ.①G4-53

中国版本图书馆CIP数据核字（2020）第202994号

亦兵教育文集

YI BING JIAO YU WEN JI

出　　版　天津人民出版社
出 版 人　刘　庆
地　　址　天津市和平区西康路35号康岳大厦
邮政编码　300051
邮购电话　（022）23332469
电子邮箱　reader@tjrmcbs.com
责任编辑　李　羚
印　　刷　三河市金泰源印务有限公司
经　　销　新华书店
开　　本　710毫米×1000毫米　1/16
印　　张　14.25
字　　数　146千字
版次印次　2021年6月第1版　2023年12月第2次印刷
定　　价　45.00元

库尔勒市第一小学首批学科带头人资格认定颁奖仪式
2008. 1. 1
欢天喜地迎新年
2008

世界

抗震救灾

库尔勒市第一小学第六届读书节开幕仪式

公园一校第二届“乒乓月”活动启动仪式

公园一校第二届"乒乓月"活动启动仪式

廣博雅正

凤凰山下
飞出金凤

乒乓球羽毛球运动管理中心

乒乓界老、中 青聚

庆祝北京第26届世乒赛成功举办
50周年和中美乒乓外交40周年
难以忘怀的瞬间

第32届"向阳杯"预备会

五十载与时俱进

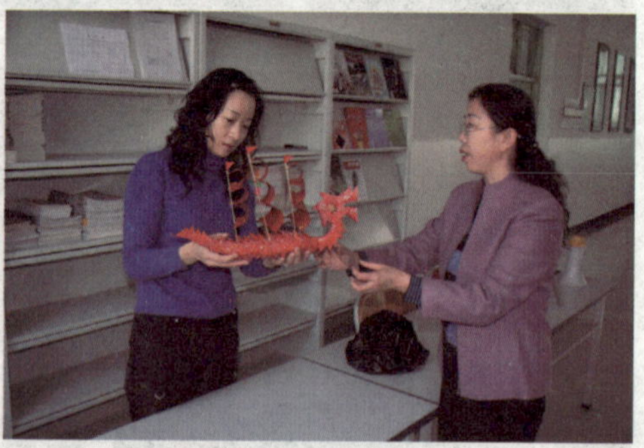

弘本崇德 睿智笃行

图书角

卓越校长论坛
Principals' Forum
构建现代学校治理体系
师范大学教育学部
师范大学校长培训学院
年3月

自治州庆祝少先队建队60周年

序

苏秀敏

2019年末，我几乎一口气读完亦兵的文稿。难以抑制的欣喜和感动在心底流淌，我看到了这位忘年交，如今实验小学的书记石亦兵的成熟与成长，深感自豪。

愿望在蓝天，深情在沃土。石亦兵，一位颇具教育情怀与创新精神的教育管理者，1984年走上教育岗位，历经万千孩子的启蒙教师、严谨治学的教务主任、以德树人的书记等诸多岗位，铺排成个人履历中的亮点，一路走来，一如既往地保持着那份对教育的热情和执着，从稚嫩走向沉稳，从感性走向理性，走过的岁月已变成厚重的行囊。

多年来，我不仅欣赏她的干练、睿智、明朗、豁达，更钦佩她温柔而又坚韧的个性。在她朴素恬静的外表下，跳动的是一颗自信、宽容、向上的心。

1992年11月，在轮台县举办的巴州首届小学语文课调讲赛中，她参赛的《花潮》获得第一名。授课中，她简洁明了的教学方法，巧妙点拨学生思路，引发学生积极思考的教学风格，留给众人颇深的印象。在校长、书记的岗位上，她已深耕15个春秋。学校管理的实践，使她清醒地认识到，教师的责任意识尤为重要。教师承担传播知识、传播思想、传播真理的历史使命，肩负塑造灵魂、塑造生命、塑造人的时代重任。因此，管理要用心去做，而不只是用力去做。日常管理中，她融入自己的经验和情怀，理解和尊重教师生命成长的节律，发现、使用、培养了一批怀有教育梦想、持有教育激情的骨干教师，扶携他们陆续走上管理岗位，使他们成长为库尔勒市义务教育阶段的中坚力量。言及教育、办学、师生成长，她侃侃而谈，从苏霍姆林斯基到陶行知的生活教育观，旁征博引，以理证事。谈其教育理想，热情洋溢；论其教育主张，理据丰盈；言及课程建设，条分缕析。展现出了当今时代校长的一种情怀、一种作风、一种境界。

她率领团队深入学校——托布力其乡中心学校、市十六中，用前沿的讲座、生动的课堂、互动的交流、深度的对话，去引导教师、感染学生。教师欢迎，学生欢喜，而她自己的成长必在其中。

她一边坚定地行走，一边及时总结，嵌入自己的思考。从她日常冗繁中挤出时间写下随笔，我窥见她爱生活、懂得美的人生境界。我素来觉得，能感悟到日常生活中的美并传递给他人，定然是会生活的人。

对于毕业生，她用饱含诗意的抒情文字写道："遥想六年前带着一身稚气，怀着几许好奇走进小学，你们开始了人生中第一阶段的学习生活，是母校和老师们的辛勤培育，使你们由一个个懵懂无知的孩童，成长为有知识、能独立、懂感恩的健康少年。六年风雨同舟，六载心心相映，背影虽然渐行渐远，但是课堂里、操场上、长廊中、树荫下、花丛旁，500 双或深或浅、或大或小的足迹依然清晰，从此你们知道了学习的艰辛与快乐，懂得了人生的价值与感恩"。

市一小建校 50 年时，她用心用情撰写《一小赋》，回顾学校一段段历史，讴歌一代代教师。每每驻足石壁的铭文前，总是令人心潮澎湃，豪情满怀。她的个性品质，连同学校处处可见的文化，浸润着身在校园的每一位教师。而这样的精神感染力还会映射到学校工作的方方面面：每一次教师培训，让教师心情激荡、拒绝平庸；每一次教学点评，让教师叩击灵魂、思维碰撞；每一次文化活动，让教师享受愉悦、夙兴夜寐；每一次读书交流，让教师锲而不舍、诲人不倦。正是这种身传言教的强大"磁场"力量，感召着每一位教师奋力前行。成功的学校管理应该是激发每一位师生的内动力，而不是追求对管理结果的"把控"。

育苗有志闲逸少，润物无声辛劳多。

做校长，她首先做好了两件事。第一是建立全员覆盖的专业培训。一所真正的好学校应该既培养学生，又培养教师。对青年教师的培训内容既有理论的指引，又有实践的操练。对初入职的教师而言，易掌握易操作。第二是校园文化建设。校长的教育理解、教育主张、办学思想，几乎都可以从各类文化标识、符号、理念、校训词中体现出来。廊道文化、书法长廊、图书吧、绘画吧、笑脸墙……而这些也是最为直接的影响、感染学校师生的教育元素，常常可以留在师生记忆深处。

她的教育理念是"学生的成长成才是学校工作的出发点和落脚点。"因而校园应该是一个生命田园、书香校园、康馨家园。学校面积十分有限，但在设计校园时，她主张在教学楼后开辟了"种植园"，按班领养种植地。孩子们在种植呵护蔬菜的过程中，也一起经历，生命慢慢成长。

在家长学校，她和家长的一次次对话，实则融入了一位经验丰富的教师对家庭教育独特的理解。教给家长的不仅仅是理论，更有具体方法。她的理念就是要叩开“家门”，让教师指导家庭教育；叩开“校门”，让家长助力学校教育；叩开“心门”，让学生唤醒自我成长。一个经过教育实践历练的校长，才有最为真切、深切的教育感悟和教育思绪，才可能有最接地气的教育理念。

在巴州二中名校长工作室，她与兄弟学校的校长们进行了一系列教育的对比思考，找到了文化自新，开辟了一系列课程研究，重构课程文化，再构校本课程体系。在名校长工作室这一平台，她吸纳着、充实着，快速地成长着。

2018 年底，她由库尔勒市第一小学调入实验小学任书记。在塑造自身的生命气象的同时，也积极作用于新的一方水土，如何让每一个生命全面、健康、快乐成长，凝成了她努力的新的“前方”。她深思熟虑，反复征求意见，提炼出符合校情的“八雅文化”，即“琴棋书画诗香茶花”。富于文化韵味的格调都最能触动人的心灵，最能撩拨人的情趣。短短的一年时间，学校面貌焕然一新，学区扩展，吸引了家长，学生蜂拥而至，原先一所空间局促、默默无闻的小学跃升为自治区“文明校园”。实验小学教师参加巴州教研室和巴州第一小学名校长联合举办的课堂教学大赛中，语文、英语、数学三个学科参赛的教师均获得优异的成绩。实验小学的华丽变身验证了：一个好校长就是一所好学校。

合上文稿，我感慨万千。在教书育人的行业中，一生磨砺，忠心耿耿，这样的教师数不胜数。他们把爱倾注在学生、教案、课堂、作业、家访中，令人敬佩。然而，更值得赞美的是石亦兵这样的育人者、管理者。他们辛勤地耕耘，精心地记载生命成长、结果的经验和智慧，留下一步步脚印和一个个故事，让不可回溯的时光变成温暖的记忆，犹如探索者、科学家，他们攀登的足迹是留给后人前行的标记。

感谢亦兵对我的信任，让我第一个读到了她的初稿。带着温度的文字，令我受益匪浅。

“静观鱼读月，笑对鸟谈天”。我衷心地希望，亦兵在今后的道路中永远“涛声依旧”。

“从旁指点桃园路，引得渔郎来问津”。我真诚地希望，广大家长，每一位青年教师，尤其是年轻的校长，都能认真读一读《亦兵教育文集》，一定会从中收获良多。

2020年10月

目录

校情思考篇

理论研究篇

专题讲座篇

论谈发言篇

家庭教育篇

研修培训心得篇

随笔感悟篇

校情思考篇

做一个校长谈何容易，说得大些，他关系着国运兴衰；说得小些，他关系着每一个学子的前途命运。

——陶行知

在平凡中追求和感悟教育的伟大

——库尔勒市第一小学德育评估工作收获

新疆库尔勒市第一小学坐落在美丽的孔雀河畔，是一所具有四十八年办学历史的小学。学校始终坚持“以人为本、德育为首”的教育理念，将德育工作作为学校工作的重中之重，不断完善学校党支部、行政、工会、共青团、少先队等组织机构与德育处、教务处、总务处组成的德育管理机构，为学校德育工作的顺利开展提供了坚强的政治领导和有力的组织保障。通过认真学习贯彻《中共中央国务院关于进一步加强和改进未成年人思想道德建设的若干意见》精神，全体教职工真正明确了德育工作整体性、有效性的观念，明确了以立德树人为核心、以学生发展为根本、以教师成长为关键的素质教育观念。2005 年 12 月 10 日，学校荣获自治区级首批德育示范学校荣誉称号，极大地鼓舞了全校师生奋发有为的工作热情。但我们也能清醒、理智地面对自身存在的问题。近两年来，学校始终以德育评估标准规范办学行为，统筹安排、严格管理、认真落实各项工作，通过切身感受体会到德育评估标准对转变教职工教育观念和提升学校办学质量的重要性。

一、班子建设得到前所未有的锻造，年轻干部迅速成长。

两年来，学校领导班子的决策能力明显增强，德育为首的思想开始强化，理论学习趋向自主，并能站在理论高度审视自己的工作。我们将理论学习作为加强领导班子思想政治建设的先导，大兴理论学习之风，坚持理论联系实际，把理论学习与解决实际问题和推动发展统一起来，深化学校领导班子的理论学习。我们深切体会到，只有通过学习，才能提升领导班子的政治理论素养，树立发展的战略性眼光，提升前瞻性决策水平。

学校工会、教务处、德育处、总务处已经自觉开始打破部门封闭，加大工作融合力度，全面实施全员育人，定期召开干部、教师、学生、家长、退休教师、社区人员座谈会，多方面深层次地征求师生和社会各界对学校工作的意见和建议，接受他们的批评监督。坚持人文关怀，积极开展慰问离退休、生病住院、婚丧嫁娶的教职工，组织“送温暖，献爱心，赠贺礼”活动，大力倡导温馨科室评比和全校健身活动。这些做法，弘扬了求真务实的作风，锻炼了年轻干部能力，拉近了师生心中距离，融洽了全体教师关系，为形成良好的校园风尚凝心聚力，为推动学校的发展夯实基础。

二、育人理念得到彻底的转变，全员育人蔚然成风。

学校贯彻落实立德树人的教育方针，大力倡导全员育人的思想意识，将人人都是德育工作者的思想根植于每个领导干部、科任教师、工勤人员和全体家长的心中，努力提高管理育人、教书育人、服务育人实效。学校以课程改革为契机，将德育工作与课程改革工作紧密结合。全体教师不仅注重思想品德课的实效，还努力挖掘其他学科的德育资源，通过学科整合的大胆尝试，使爱国主义教育、革命传统教育、中华美德教育和民主法制教育有机统一于教材和课程之中，培养学生良好的学习态度、学习习惯和坚强的意志品格，促使学生养成文明行为习惯，使他们的思想道德素质、科学文化素质和健康素质得到全面提高。

三、教师理论学习更加深入，自我反思成为自觉。

通过德育评估，全体教职工对政治理论学习和业务学习的认识有了质的提高，能够开始站在理论层面思考自己的教育行为。学校明确“校长是德育工作第一责任人”的意识，校长抓住“三会一课”、中层例会、教师大会和校本培训的有利时机，切实加强教师职业道德建设，引导全体教职工树立育人为本的思想，树立正确的价值导向，并通过校本培训引导教职工做到文化的超前、理念的转变、知识的积累和能力的提高。我们欣喜地感受到广大教职工通过政治业务理论学习，对教师职业有了更加理智、科学的认识，思想观念不断转变，教师形象不断优化，心理调控能力不断增强，基本功意识不断提升。全体教职工充满着浓浓爱心和强烈责任的教育言行，已经在潜移默化中影响学生的精神生活。

四、学生养成教育扎实有效，特色活动推陈出新

（一）养成教育扎实有序

学校五支德育队伍统筹协调，抓基础文明行为的养成，使养成教育工作系

列化。教务处负责检查教师教案，结合课程标准落实课堂教学中的德育教育，严明课堂教学纪律，严格出勤管理；德育处制定了每月养成教育中心主题，全校教师当月都在课堂中对学生进行养成教育，营造良好的养成教育氛围；总务处大力美化亮化校园，进一步强化公物管理，为德育工作提供坚实的保障，积极营造良好的育人氛围。2006 年 9 月学校尝试推开“免检班级”评选制度，制定了“免检班级”评选细则，这项尝试取得非常好的成效，全体学生参与值周工作，责任感强，积极性高，懂得自律，懂得珍惜他人劳动成果，使全体学生达到了自我管理、自我监督和自我教育的良好效果。2007 年 3 月学校又改革了“绿色小卫士”检查工作，尝试以班级为单位，班主任负责组织安排，全校学生以班级为单位轮流承担校园保洁和监督工作，同样取得明显成效。这些措施充分调动了学生自我管理的积极性，培养了学生自我管理的能力，规范和约束了部分学生的不良行为，培养了学生良好的文明礼仪习惯，提高了学生的文明素质。

（二）环保教育与时俱进

学校在长期开展常规环保教育的同时，2006 年 12 月 8 日，由秦皇岛市环保局和巴州环保局出资 13 万余元援建的“巴州小学生环境保护教育基地”在学校落成。全校师生共同参与设计，分年级制作了适合小学生心理教育特点的环保知识网页，网页上有学生喜爱的环保知识、环保标语、环保宣传画、环保作品等内容。通过网络信息开展环保教育，不断探索教育途径，使环保教育渗透到各项活动中，收到明显的效果，起到了积极的推动作用。

（三）少年警校不断完善

学校少年警校自 1995 年成立以来，先后被评为库尔勒市优秀少年警校，自治州优秀少年警校示范校，自治区少年警校示范校，全国少年警校示范校，受到上级领导的高度赞扬，得到了家长和社会的一致好评。2005 年 7 月第 11 期、2006 年 7 月第 12 期、2007 年 7 月第 13 期“少年警校”在常规管理和制度建设方面取得进展，训练活动获得了圆满成功。

（四）校园文化内涵丰富

1. 校园物质文化形式多样。学校非常重视创建浓厚的育人氛围，不断加强校园文化建设。林带、花园、草坪、雕塑、壁画等校园物质文化布局精巧，装饰雅致，美观和谐。楼道悬挂伟人简介、充满智慧的名言警示语、学生特长展示牌，让孩子与伟人同样展风采，形成“楼道文化”；开展文明用语征集活动，把入选的环保用语和小作者的名字一起镶在孩子们喜欢的小动物雕像身上，置于花草中，形成“草坪文化”；在校园历经48年风雨的二十余种名贵树木上悬挂物种介绍和责任分工提示牌，形成“树木文化”；学校的文化长廊、家校长廊等文化阵地建设已投入使用，面向全体学生定期展示爱国主义、民族精神、诚实守信等专题教育作品，用以宣传好人好事，让每个孩子都有成就感；红领巾广播站也将在现有的十个栏目基础上不断完善增加栏目。这样，浓郁的育人氛围作为文化的载体，提升了校园文化品位，让学生时时处处受到潜移默化的德育感染、熏陶，真正做到了“一草一木皆育人，时时处处总关情”。

2. 校园精神文化生机勃勃

学校从2004年开始制定了以“培养健全人格和启迪智慧”为目的的读书节、艺术节、体育节、科技节“校园四节”活动计划。

读书节——追求知识,人人读书。读书节活动旨在激发广大学生读书的兴趣，让每一位学生都亲近书本，喜爱书籍，养成博览群书的好习惯，不断认识到中华文化的丰厚博大，汲取人类优秀文化智慧。

艺术节——激发每个孩子的艺术潜质。立足学生，将艺术教育引进班队活动中，渗透到各个学科，让学生在各学科教育中得到艺术享受和艺术熏陶。

体育节——落实全民健身计划和阳光体育工程。促进和加强学校体育工作，增强学生体质，培养学生运动兴趣，丰富校园体育活动内容，进一步促进学生的健康成长。

科技节——宣传科学思想、科学方法、科学知识。把开展青少年科普宣传、爱科学月活动、科技创新制作、科幻画等科技活动与全面实施素质教育结合起来，积极营造铲除迷信、崇尚科学的氛围，培养学生崇尚科学的精神，提高学生动手动脑能力，提高少年儿童的科技意识。

通过丰富多彩的校园文化艺术活动，塑造了少年儿童美好心灵，突出了学校艺术教育和师生的精神风貌，促进了校园文化建设深入开展。

（五）课题研究初见成效

2005年3月，学校通过积极申请加入了全国教育科学“十五”规划国家重点课题“整体构建学校德育体系深化研究与推广实验”，结合学校德育实际确定了“提升学校文化品位，构建和谐校园”子课题，及时成立了德育课题组，历时近两年时间，于2006年10月在北京参加全国德育课题结题大会，经专家组评审顺利结题并荣获全国先进实验校荣誉称号。2007 年 1 月，学校又申请加入全国教育科学“十一五”规划国家重点课题“整体构建学校、家庭、社会和谐德育体系研究与实验”的子课题《整体构建校本和谐德育体系的研究》，2007 年 8 月，学校又获得全国第十届德育年会阶段“实验先进校”的荣誉。

（六）红领巾进社区活动稳步启动

为了能更好地引导和组织少先队员走向社会，学校不断拓展德育途径。两年多来，德育处和少先大队组织学生在巴音社区举行了“红领巾进社区活动基地”挂牌仪式，建立了固定的少先队员社区活动基地。同时，为了充分发挥了社会育人的功能，学校积极调动家长监督、支持学生参加社区活动。通过组织开展丰富多彩的社区教育活动，不断完善德育网络，使少先队员们通过假期体验生活、锻炼自己，各方面素质与能力得到提高与锻炼。

（七）家校工作开辟新局面

学校积极依靠行风义务评议员和家长委员会代表开展工作。通过教职工大会和家长会，利用家校长廊、校报、《致家长一封信》等宣传形式，让更多的家长了解学校、了解教师、了解孩子在校的表现，有效加强了学校、家长、社会之间的沟通和理解，营造了和谐的教育氛围。

（八）心理健康教育已经迈步

一年多来，学校针对德育达标验收时专家组提出的意见，不断加强学生心理健康教育工作，开设专门小学生心理健康课程，对在职教师心理健康教育培训的力度不断加强，有 3 名教师已获得了自治区心理咨询师资格，学校已有专业的心理健康教师。目前学校已建设了校园学生心理健康咨询室，购置了开展心理健康咨询设备，小学生心理健康教育工作已经启动。今后还要不断加强心理健康教育的作用，以提高德育工作的针对性和实效性。

加强和改进未成年人思想道德建设，是全党全社会的共同任务，更是我们教育工作者的神圣职责。未成年人思想道德建设的成功，会促进社会的进步与发展，从而实现思想道德教育的最终目的——培养道德人格，塑造道德文化，造就道德生活。让我们在平凡中追求和感悟教育的伟大，共同创造幸福的生活和美好的人间！

2008年10月

让校园成为每个生命个体发展的沃土

——库尔勒市第一小学校长办学实践回眸

苏霍姆林斯基说：“校长领导学校，首先是教育思想的领导，其次才是行政上的领导。”如果校长具备了一定的教育思想，就能够运用专业理论，依据本学校的实际情况，找到适合自己学校的切入点和思路，然后准确定位，在学校发展中实现自我超越。

库尔勒市第一小学是一所具有57年办学历史的全日制民汉合校小学，历史厚重，师资优良，是社会和家长心目中办学口碑极高的学校，自2004年我任校长至今已十四年，我经常思考如何传承这所优质学校的优良传统，如何在时代发展中赋予学校创新的活力，我们要培养什么样的教师和学生。我在实践中思考，在思考中实践，办学思想日渐清晰，办学特色日益彰显，学校品质不断提升。

一、坚守传承扎实办学

（一）提升班子专业引领能力，推动学校可持续发展。

1. 强化率先学习，提升政治素养。一是树立终生学习意识。学校党委要求党政领导、中层以上干部要成为政治理论、教育理论、德育理论学习的表率，要在求深、求新、求实上下功夫，切实提高自身的思想政治素质。二是加强理论指导实践能力。班子成员深入学习党的方针、政策、法律法规，逐渐学会运用法律法规来检查指导自己的工作，并能清醒、客观地看待工作中出现的问题并及时加以改进。三是切实提高学习实践实效，班子成员进一步深入学习领会中央8号文件精神，积极按照上级党委部署，组织实施“群众路线教育活动”“三严三实”“两学一做”“民族团结进步年”“争做四有老师”等主题实践活动。

2. 坚持依法治校，坚定依法执教。学校坚持社会主义办学方向，依法履行法律赋予的权利和义务，认真深入学习《义务教育法》《教师法》《未成年人保护法》等法律法规，从加强民主管理工作入手，充分发挥教代会的作用，完善学校领导集体议事制度、重大决策和事项合法性审查制度等，完善民主管理和民主监督机制，修改和完善学校《章程》规划和各项计划，新增制度有《库尔勒市第一小学塑胶运动场使用管理制度》《库尔勒市第一小学校园环境卫生管理制度》《库尔勒市第一小学 1–2 年级学生上学、放学交接制度》《库尔勒市第一小学班级责任人制度》《库尔勒市第一小学教师分层培养管理制度》《库尔勒市第一小学教育招生制度》《库尔勒市第一小学课题管理制度》《库尔勒市第一小学特异（包括过敏）体质学生管理保护制度》《库尔勒市第一小学小舞台（绽放吧）演出使用制度》《库尔勒市第一小学“班班通”设备管理制度》《库尔勒市第一小学校本课程开发与管理制度》《库尔勒市第一小学校园网站管理制度》《库尔勒市第一小学学生上学、放学安全管理制度》《库尔勒市第一小学易信群管理制度》《库尔勒市第一小学种植园管理制度》《库尔勒市一小学校园电视台管理制度》《库尔勒市第一小学棋乐园管理制度》《库尔勒市第一小学教学质量监控制度》，这 18 条制度的增补，更好维护了教师和学生的权益，规范了学校的管理。

3. 加强党建工作，严肃工作纪律。一是坚持党员学习制度和“三会一课”制度，确保党员教师的思想和上级党委以及学校中心工作保持一致。二是严格党员发展程序，保证党员发展质量。三是注重后备干部培养，提高后备干部质量。四是坚持“三重一大”民主议事规则和决策程序，全面落实“党政正职‘四不直接分管’”制度，加强党内监督，严肃工作纪律，确保学校各项工作有序高效运行。

4. 搭建成长平台，服务全体教师。依托全国小学生乒乓球“向阳杯”成员学校、自治区小学语文校际研讨会成员学校、巴州第二中学名校长工作室成员学校、库尔勒市捆绑组团学校、库尔勒市启航校长工作室、库尔勒市第一小学名师工作室等学习互助平台，努力提升教师教育教学专业化发展和管理水平，推动教师队伍专业水平的大幅度提高。

5. 重视评先树优，大力宣扬模范。学校大力开展向身边优秀模范学习活动，树立人人争做先进的意识，学习“感动中国十大人物”典型事迹、弘扬全国优秀教师张丽莉舍己为人的高尚师德，学习感动新疆人物羊肉串慈善家阿里木、最美巴州人和静县教师阿力太等先进人物的感人故事。积极开展“四好老师”“优秀教师”“先进工作者”“民族团结先进个人”“优秀班主任”评选活动，利用橱窗、展板、黑板报、校园网站等宣传载体，大力宣扬先进人物爱岗敬业、无私奉献的先进事迹。学校工会每年开展两次“和谐文明科室”评选活动，在“三·八”妇女节及教师节给予表彰，每年开展一次文明家庭评选活动，宣传和赞扬幸福家庭的美好故事，积极促进良好社会公德、家庭美德、职业道德、个人品德在校园的弘扬，让营造和谐工作氛围和构建幸福美满家庭成为教师们的精神追求。

6. 完善评价体系，促进教师成长。班子成员认真学习教育部关于教师和学生评价的文件，深刻领会文件精神，不断完善教职工岗位绩效目标考核和班主任岗位绩效目标考核办法，制定教学过程与质量监控实施办法，完善特长生评选办法，学校对师生评价的现代教育评价体系更加完善。

（二）完善教师培养提高措施，促进教师专业化成长

1. 筑牢思想防线，明确责任担当。学校把意识形态领域反分裂斗争再教育作为“热爱伟大祖国，建设美好家园”主题教育活动的重要内容，不断强化全体师生政治思想教育。一是持续不断地在广大师生中开展马克思主义“五观”“五个认同”和“三个离不开”宣传教育活动。二是认真开展“反暴力、讲法治、讲秩序”专题教育活动，认真学习中央新疆工作座谈会精神，引导广大师生彻底认清“三股势力”险恶用心和罪恶本质。三是开展“崇尚科学、反对邪教”警示宣传教育活动，让广大师生了解邪教本质和特征，认清邪教的社会危害，提高识别邪教、拒绝邪教、反对邪教和用先进文化抵御邪教渗透的能力。四是深入开展党的群众路线教育活动，加强党员干部的思想政治教育，切实改进工作作风。五是扎实开展“廉政文化进校园”教育活动，加强党员教师和教职员工廉洁从教教育，提高广大教职工爱岗敬业、廉洁从教意识。六是扎实开展“两学一做”学习教育活动，在全体党员中开展“学党章党规、学系列讲话，做合格党员”学习教育，把全面从严治党要求落实到每个支部、落实到每名党员。七是扎实开展“纪律教育年”活动，将开展“纪律教育年”活动与“两学一做”结合起来，作为一项重要的政治任务，作为落实全面从严治党主体责任的重要内容，认真落实党风廉政建设和反腐败斗争党委主体责任和纪检监督责任。

2. 健全完善制度，强化师德建设。学校继续强化教师全员育人和依法执教的意识，要求全体教师严格遵守《中小学教师职业道德规范》，严格遵守国家和自治区规范办学行为的各项要求，规范自己的行为，从教育形象、教育行为、教育语言、教育对象等各方面严格要求，不断提高教师依法执教能力，切实树

立教师良好形象。进一步完善师德建设的各项评价制度，对师德高尚、业务精良的教师进行大力表彰，对违反教师职业道德的教师进行严肃处理。学校党政领导通过各种方式，积极广泛征求社会各界意见和建议，定期发放问卷调查，全面了解教师师德表现，及时解决工作中存在的问题。

3. 构建培养体系，提升教师素质。学校注重服务教师专业成长，坚持专家引领、同伴互助、自我研修、综合提升四个有力措施提高教师专业素养，深化理论学习、集体备课、主题教研、反思交流四个教研形式促进教师专业成长。坚持开展学科带头人模范杯、骨干教师创新杯、青年教师希望杯“三杯”课堂教学竞赛，利用“学科带头人研究会”“骨干教师学习会”和“青蓝工程”拜师结对等活动为教师成长搭建平台，以品读经典、三字训练、校本研究、信息运用、学习研修、自我总结等途径提升教师综合素质。

4. 创造成长条件，助力双语老师。学校党委班子高度重视双语教学工作，大力帮助和促进双语教师专业提升，开展“一析”“二导”“三帮”“四同”“五统一”等措施：“一析”，每学期开学初召开双语教学分析会；“二导”，配备专门的指导领导和老师；“三帮”，建立民汉校领导、民汉教师、民汉班干部结对帮扶制度；“四同”，同课交流、同课同构、同台竞技、异课同构；“五统一”，民汉教师统一管理、统一学习、统一办公、统一教研、统一活动，为民汉教师共同学习、共同教研、共同提高创造了更好的条件。

5. 完善课改机制，落实监督检查

（1）正确理解“三维目标”内涵。学习课程标准是学校教研室常规性教研内容，每年开学初第一次年级组教研活动由本年级组或本学科的教研员作为主讲人，对所任学科、所任年级的新课程标准进行系统学习，使教师进一步深刻理解三维目标的内涵。

（2）准确把握“三维目标”要求。学校要求教师们提前一周备课，组织集体备课，认真分析教材、理解教材，让大家在讨论交流中明晰“三维目标”。同时，要实现两个转变：一是转变观念，由“应付检查”向“服务教学”转变；二是关注个性，由“统一要求”向“因人而异”转变，鼓励体现学科特点、教师特色，做到过程思路特色突出，促进发展目标明确，集体备课卓有成效，有利于教师提高和学生发展。

（3）措施保障“三维目标”落实。学校实施教案检查由“定时查”向“多元化”转变，采用多元化的评价手段，给老师充分信任，形成良性的竞争机制。采用集体分享检查、教研员分组检查、年级组交换检查、校领导定期抽查等层次性的检查形式，对全体教师的备课教案和作业批改进行指导性的督查，促使教师形成高质量的教案。积极的个人信念与价值追求引导，让每一个老师发自内心热爱从事的教学工作，备课也会由他律变成自律。

（4）探索研讨“三维目标”实效。学校通过构建“以学生为主体，以价值为导向”的高效课堂，发现“三维目标”有效落实的方式：一是创设情境，情境应贯穿课堂教学始终，让学生在具体情境中感悟，在情境中激活学习意识，在情境中解决问题。二是改变教学方式，变“带着知识走向学生”为“带着学生走向知识”，加强学习方法的指导，为学生授之以“渔”。三是要突出学生主体地位，面向全体学生，能让学生说的让学生自己说，能让学生想的让学生自己想，能让学生做的让学生自己做，让学生自己去选择、去体验、去解决、去锻炼、去寻找答案，培养学生的学习能力。

（5）评价促进“三维目标”达成。我们在教学中追求对学生评价的多元化。一是评价标准多维，要做到评价内容综合化，评价目标有差异。二是评价方法多样，将定性与定量评价相结合，既有形成性评价和终结性评价，也有发展性评价。三是评价主体多元，包括学生自评、同伴互评、教师评价、家长评价、社会评价等方面。

6. 培养审美情趣，提高审美能力。

一是国家课程保障美育。学校通过班主任在日常学习生活过程中挖掘美育因素指导学生健康成长，培养学生良好的行为习惯和道德品质，通过思想品德课向学生系统进行思想品德教育，培养学生正确的道德认知和判断能力，要求在体育课和艺术课教学活动中根据课程标准培养学生良好的学习态度、学习习惯和审美能力。

二是校本课程拓展美育。学校依靠校内外的力量，组织各种社团走课活动，依托特色活动，挖掘美育资源、拓宽教育渠道、丰富美育内容，丰富学生的课余生活，培养和发展学生健康的审美兴趣爱好。

三是多彩活动延伸美育。学校通过共青团、少先队组织开展丰富多彩的活动，寓美育教育于各种专项教育活动之中，使学生增长见识，得到锻炼，培养审美能力、思维能力、创新能力和动手实践能力，使学生成为会学习、会健体、会审美、会交往、会创造的健康、快乐、和谐的人。

四是优美环境促进美育。学校积极打造贴近学生实际的浓厚传统文化与现代时尚元素相结合的书香校园，通过明快的风格、清新的色彩、多彩的图案、有趣的内容、专业的经典，让学校文化的积淀与活力时时感染和引领学生快乐成长，在耳濡目染中感受美育，领悟美育。

（三）激发学生主动健康发展，打造可靠接班人队伍

1. 坚定理想信念教育。习近平总书记高度重视培养社会主义建设者和接班人，要求我们把立德树人作为教育的根本任务。学校着力开展社会主义核心价值观教育，进行以爱国主义为核心的民族精神和以改革创新为核心的时代精神教育，进一步抓好弘扬民族精神教育、诚信教育。开展“中国梦”主题教育活动，利用电视、广播、班会、测试、板报、讲座等各种形式进行法制宣传、文明礼仪、文明交通等教育，使师生牢固树立社会主义价值观，不断提高德育工作针对性和实效性。

2. 深化习惯养成教育。学校继续加强对《守则》《规范》的学习，加强学生应知应会的宣传教育，不断完善学生评价和表彰机制，继续对全校学生进行各项内容的表彰奖励。通过各种检查、评比落实知行统一问题，通过开展各种体验教育实践活动，提高学生的认知能力，培养学生良好文明的行为习惯。

3. 优化环境阵地教育。学校充分发挥宣传橱窗、教学楼楼道、校园文化主题园、红领巾广播站等宣传阵地的作用，大力宣传社会主义核心价值观。通过召开教职工大会、全校学生大会、专题学习、知识测试、主题班队会、团队活动、社区活动、文明礼仪学习、抓养成教育、学唱红色歌曲、致家长一封信、参加社区创建活动和军民共建活动等形式，大力营造团结奋进、和谐稳定氛围，特别是一楼大厅 e 时代园电子大屏将学校网站、闭路系统、小孔雀电视台、手机易信群等现代信息手段集中显示，全方位多角度直观形象展示学校每个时刻每个主题丰富多彩的活动，充分发挥网络媒体对德育的宣传作用。

二、与时俱进创新亮点

1. 形成鲜明办学理念。学校党委在继承和发扬学校五十年办学优良传统的同时，不断探索改革创新，坚持以毛泽东思想、邓小平理论、“三个代表”重要思想和科学发展观为指导，深入贯彻落实习近平总书记提出的教书育人、立德树人的根本要求，努力践行社会主义核心价值观。把“办人民满意教育、创人民满意学校、做人民满意教师、育人民满意人才”作为学校思想灵魂，以创办“库尔勒示范、新疆一流、全国知名”作为办学目标，明确“以人为本、促进全体学生的全面发展，实现教师专业持续成长”的办学理念。全面贯彻党的教育方针，推动学校素质教育发展，把科学先进的办学理念和前沿时尚的培养思想紧密结合，培养会做人、会学习、有个性、有特色的社会主义接班人。

以人为本就是每个作为个体的人（包括教师和学生）都应得到尊重、信任

和激励。学生的成长成才是学校工作的出发点和落脚点，我们将“以人为本、促进全体学生的全面发展，实现教师专业持续成长”的办学理念深深植根于全体教职工心中。一是全员育人处处首问。学校要求全体教职工在校园的任何地方任何时间主动接受学生和家长的问询和诉求，及时给予帮助和指引，真正将学生的冷暖放在心上。二是全员育人人人双岗。学校要求全体教职工认真履行教书育人和安全保障的责任，楼梯处张贴安全责任岗示意图和责任人，在上下课间和大型活动集中时及时到岗保障学生安全，有效避免意外事故发生。三是全员育人责任到班。2014 年学校开始实施班级责任人制度，将全体科任教师分配到每个班级作为班级责任人，全方位协助班主任做好班级管理工作，做到德育教育人人有责。四是全员育人值周到人。学校进一步完善值周制度，由原来部分教师值周改进为全体教职工全员参与，人人参与负责全校常规管理，发现问题及时改进，提高教职工德育教育管理能力。

2. 立足实际多措并举，扎实推进民族团结

（1）强化政治学习，提高对民族团结工作重要性的认识。学校利用民族团结教育月和每周三的教职工大会,深入开展“三史”“五观”“五个认同”和“六五”普法教育，深入学习党的民族政策理论，经常性地开展“三个离不开”“四个人人”“五个互相”“三热爱”“一反两讲”的教育，增强全校师生维护民族团结的意识，筑牢了校园意识形态领域的思想防线。

（2）加强舆论宣传，营造民族团结工作的良好氛围。学校通过电子屏、黑板报、校园网站、红领巾广播站、易信群等教育阵地，对全校师生进行民族团结教育宣传，营造人人维护民族团结的良好氛围，充分发挥课堂教学主阵地和主渠道作用，加强民族团结教育。深入开展民族团结教育“四个一”活动，通过“找一找民族团结的典型、讲一讲民族团结的故事、唱一唱民族团结的歌曲、学一学民族团结的事迹”等主题活动，加强少年儿童的民族团结教育。深入开展青少年民族团结“手拉手”结对子活动，加大“民族团结好伙伴”表彰力度，增强各族青少年感情和友谊，增强自觉维护民族团结和祖国统一的意识，

（3）丰富活动载体，开展丰富多彩的民族团结教育活动。学校利用五月民族团结教育月的契机，开展丰富多彩民族团结教育活动，举行以民族团结为主题的教师、学生、家长书法作品展示活动，开展以市六小、八小、九小、州蒙校、恰尔巴克乡中心校六个手拉手共建单位共同参与的“热爱伟大祖国，建设美好家园”为主题的民族团结演讲联谊活动，民族团结主题班队会比赛活动，民族团结手抄报比赛活动，“你到我家吃月饼，我到你家吃馓子”活动，退休教师进

课堂讲民族团结课活动，民汉教师互学“包饺子、做抓饭”融情活动，参观民族团结教育基地等教育活动，加深各民族教职工之间友谊。

3. 扎实开展道德讲堂活动，不断深化道德建设。学校教师每月开展一期“身边人讲身边事，身边人讲自己事，身边事教身边人”的道德讲堂活动，进行职业道德、家庭美德、社会公德、个人品德教育。每次都有灵魂的触动，每次都能促进教师精神世界的升华，不断提高教师队伍的整体素质和精神境界。2015年开始，学校逐步尝试开展由市一小“捆绑组团”的六所学校、480多名教师参加的大讲堂，取得了较好的效果，进一步提升了学校道德讲堂的整体水平，目前已经在许多学校推广试行。学校组织学生开展班级道德讲堂活动，主题紧扣社会主义核心价值观，与认星争优活动有效地结合起来，活动中突出“我看、我听、我讲、我议、我行”等环节，真切感受道德建设的正能量，增强学习、生活、人际交往和自我意识等方面的心理适应、自我调节、健康成长的能力，激励学生更好地树立正确的人生观、价值观。

4. 志愿者活动蓬勃开展，有效促进道德建设。2012年，学校成立了“大兵小将帮帮团”志愿者服务队，志愿从事社会公益与奉献爱心活动。共有志愿者3000余人，参与志愿服务活动50多次，服务260多人，将学校特点与志愿服务相结合，逐渐形成学校志愿队的特色活动。

（1）走向社会践行公民义务。学校志愿者积极参加社会主义核心价值观实践活动，定期开展“知荣辱、树新风、文明交通引导员”交通安全文明劝导志愿者活动，维护交通秩序，引导市民养成“不闯红灯”的良好习惯，并定期义务清洁周边公共设施，捡拾旅游风景带垃圾，参与到文明城市创建活动中，为打造一座文明和谐的家园奉献一分力量。

（2）走进社区增强奉献意识。学校志愿者利用所学专业学以致用开展便民服务，定期在社区开展阳光体育进社区活动，将体育运动带进千家万户，增强人民运动意识。积极开展弘扬中华民族传统美德系列活动，与学校所在社区结成精神文明共建单位，积极开展尊老敬老一帮一互助活动，用爱心和行动去温暖孤寡老人和空巢家庭老人的生活，给他们带去欢笑和快乐，受到了上级部门的一致肯定，取得了良好的社会效应。

（3）关注民生热心社会公益。学校志愿者积极参加爱心助残、扶贫济困的爱心捐款活动，力所能及地为贫困家庭排忧解难，深入福利院和敬老院，开展捐书、捐款及生活帮手等活动，为促进构建和谐社会的良好风尚，推动社会主义精神文明建设做出应有的贡献。

（4）立足校内培养志愿志向。开展五年级和一年级班级帮扶活动，由五年级师生对应一年级师生在排队集合、做广播操、做眼保健操、打扫卫生、出黑板报、班队会课等班级常规管理和养成教育等方面全方位进行培养和帮扶，使一年级新生能够迅速建立学校组织纪律意识，同时培养五年级学生奉献帮扶志向，从小立志志愿者活动，共同构建和谐校园。

5. 引领现代风尚，共育书香校园。

（1）自成体系的特色文化提示文明。学校坚持社会主义办学方向，在校园最醒目的位置展示党的教育方针、培养目标、校训、校风、教风、学风和学校历史沿革，校徽内容人人了解，校歌人人会唱。教职工照片墙凝聚人心鼓舞干劲，营造了浓厚的市一小校园文化氛围，激发了全体教师的集体荣誉感。学校以校风校训为行为指南、以教风学风为教学指导，增强了师生为学校的建设和发展多出力、多贡献的信心。

（2）温馨优美的校园文化指引文明。随处可见的道德礼仪提示牌指引师生养成文明习惯，楼道悬挂名人故事、充满童趣的名言警示语激励学生树立远大理想，班级门前悬挂展示学生特长和班级目标的牌匾，提醒孩子为了展翅翱翔而努力学习，校园每种树木上悬挂物种介绍及爱护花草树木提示牌，教育孩子们热爱大自然、保护大自然。

（3）独具特色的主题乐园传承文明。“家校同心园”以教育故事、育子方法和国家教育政策宣传让家长感受到了学校温馨的文明服务；“节气园”让每位师生从走近校门就开始接受中华传统文明的无声教育；“校史园”让师生在了解学校光荣历史的过程中缅怀前辈、学习先进、确立目标；“种植园”让教师和孩子在一起播种、浇水、施肥的过程中亲近自然、分享劳动的快乐；“绽放吧”让师生在欣赏孩子们展示才华的过程中享受艺术的美好熏陶；“棋乐苑”让中国象棋、围棋、跳棋、“卡的”等中国传统棋艺得到更多的继承和发扬；“墨香苑”中师生的优秀书法作品展现出中华文化的内在之美，中华传统书法艺术之美提升了整个校园的文化底蕴。

（4）丰富多彩的文体活动感悟文明。坚持每年开展以培养健全人格和启迪智慧为目的的读书节、艺术节、科技节、体育节“校园四节”活动，提升校园精神文化建设品位，至今已连续举办了十二届，每届历时 3 个月，师生参加率达 100%。全校师生在参与一系列文化活动过程中感悟文明，丰富教师学生的精神世界，提升教师学生个体发展综合能力，激发教师学生主动发展的愿望。

（5）充满墨香的校园气息提升文明。自 2012 年，学校参加自治区“继承民族传统文化”书法课题，坚持开展教职工“毛笔、钢笔、粉笔”三字练习的“四个一”活动（即每天一练、每周一查、每月一展、每学期一测试），在全校各班开设书法课程，全校师生共同学习练习书法，成立“学校书法名师工作室”，开发书法校本教案，进一步培养师生热爱祖国语言文字的情感，建立初步的书法欣赏、书写能力，着力打造“墨香苑”“书法展厅”和“翰墨教室”等主题场所，多渠道展示书法作品，全方位打造墨韵文化，成为祖国书法艺术传承教育基地。

6. 立足校园开发校本课程，有效保障学生全面发展。为满足学生发展需要，挖掘具有一小特色课程，学校尝试探索开展一系列课程改革建设：

（1）改课时：2014 年 3 月学校将每天下午两节课改设为三节课，每天下午第一节课前进行 20 分钟午读，进行多种形式的经典诵读活动。第一、二节课为 30 分钟的国家和地方课程，第二节课后进行 30 分钟的社团活动。

（2）增内容：全校 1——6 年级 57 个教学班每班每周开设 1 节书法课、1 节数棋课、1 节创意课堂、1 节阳光体育活动。

（3）编教案：学校成立 16 个校级名师工作室开发校本教案，《国学经典》《梨园春色》已在使用。《书法教学》《科技知识》《剪纸》《心理健康》《双语阅读》《养成教育》《文明礼仪》《安全教育》《三个仪式》等教案即将完成。

（4）走班制：2016 年 4 月，为让孩子能根据自己的喜好学会选择，学会自己的事自己做主，选择学习项目和爱好，学校在三年级进行走课活动，成立围棋、女红、街舞、计算机、机器人、文学社、创意手工、硬笔书法、软笔书法、播音主持等社团，9 月将走课活动辐射到四年级。

三、注重体验育人为本

1. 主题教育月月有，时政教育时时新。每年一二月进社区实践活动，三月学雷锋月处处做好事，四月清明节网上祭英烈，六年级十八团大渠扫墓祭英烈，五月民族团结活动形式多样，“六一”生活技能展示，七月建党系列活动，八月开展拥军优属活动，九月开展弘扬和培养民族精神活动，红十月开展大唱红歌、读爱国主义书籍、讲爱国主义故事、观爱国主义影片、开主题班队会等活动，十一月是法制教育月，十二月是爱国主义教育活动，结合法定节日、传统节日以及重大历史事件纪念日集中进行思想道德教育。学校每周一的升旗仪式和国旗下的讲话对师生进行爱国主义教育，严格落实每天升降旗制度，定期学习《中小学生守则》和日常行为规范，通过红领巾广播台、小孔雀电视台、时代园、风采园、手抄报、板报等宣传形式，讲述革命英烈的故事，同时紧紧结合时事政策，组织师生家长及时学习了解，特别是运用易信群及时发送学习图片，激发调动运用现代媒体学习时政的积极性，使学校德育“小课堂”与社会生活“大课堂”有机地结合起来，在日积月累中把爱国主义种子深深扎根于同学们心中。

2. 文明守纪日日抓，行为习惯渐渐好。学校始终以养成教育为基础，着力抓好学生文明行为。学校五支德育队伍，统筹协调，分工明确，通过齐抓共管做到常规管理与检查评比相结合，教师的言传身教与学生自我教育相结合，促进学生良好行为习惯的养成。学校以主题班队会为重要阵地，因班而异，各创特色，使班队会课主题鲜明、内容充实、形式活泼，并要求班主任辅导员之间要进行交流，互相学习、互相促进，以达到对学生进行爱国主义、集体主义、社会主义、法制教育、环保教育、安全教育、文明礼貌教育的目的。

3. 法制教育处处有，安全自护常常抓。学校充分发挥法制副校长和辅导员作用，定期到校开展法制宣传教育讲座，邀请负责校园周边交通管理的交警为同学们讲解交通安全常识，对学生进行生动、直观的法制教育，利用闭路电视、广播、班会、测试、板报、讲座等各种形式进行法制宣传，努力做到基础道德教育与法制教育相结合，使学生知法、懂法、守法，切实发挥三结合巨大功能，不断增强学生法制意识和法制观念。在教学楼各楼层各个楼梯口都设置了教师安全责任岗，在校会、课间操、升旗仪式等大型集中活动时有序组织学生进出教室，保证日常教学中学生安全。每学期组织全校师生进行 3-4 次紧急疏散演练，请消防队官兵现场讲解示范，请交警队官兵做专题讲座，印发自救、自护、用药小常识宣传册，使法治安全意识牢牢植根学生心中。

4. 倡导生态绿色观，环保教育坚持行。学校作为国家环保总局授予的“国家级绿色学校”，注重结合教材的特点加强课内课外环保教育，组织学生开展“污水处理”“垃圾处理”“塑料袋污染”“水污染”调查等环保实践活动，开展 4 月 22 日世界地球日宣传教育活动、“6.1”环保板报比赛和“6.5”世界环境日教育活动，团支部少先大队开展“绿色环保小卫士”“弯弯腰捡拾一片垃圾”“我为校园添新绿”活动，组织全体少先队员走进社区，以净化街道、小区为主，配合清洁工人打扫卫生，所做工作在库尔勒市创建全国卫生模范城市和全国文明城市活动中起到了以小带大、以点带面的作用，得到上级部门和领导的认可，在社会上具有良好的影响。

5. 强化多彩体验教育，推进道德实践活动。

（1）节日体验：每年儿童节，学校都要开展“我是生活小能手”体验教育展示活动，一年级进行穿衣服、系鞋带比赛，二、四年级文艺汇演，三年级叠衣服、穿裤子比赛，五年级进行水果拼盘、水果沙拉比赛，六年级进行包饺子比赛，充分展示学生生活技能，促进学生全面发展。

（2）军营体验：学校通过与武警巴州支队、武警巴州森林支队、武警巴州消防支队、巴州公安局刑侦支队共建活动，坚持开展五年级“少年警校”、四年级“警营一日”活动，对学生进行国防科技教育和爱国主义教育，培养学生吃苦耐劳、诚实谦虚、热爱集体、艰苦朴素、关心他人、知难而进的优秀品质。坚持每年利用建军节、元旦、春节，组织学生深入部队，开展慰问部队官兵活动，感谢部队维稳戍边的贡献和帮助学生军训的辛苦，学习广大指战员纪律严明，吃苦耐劳的精神。

（3）开放体验：各年级各中队充分发挥家长委员会作用，在假期开展亲子游活动，开展文艺活动，使家长、学生愉悦地获取知识，并通过角色体验，唤醒学生自我意识，培养学生实践和创新能力，激发其内在潜能，拓展了学校未成年人思想道德建设工作的渠道。

6. 大力推进科技活动，崇尚现代科学文明。

（1）传承重视科技传统。学校长期以来把青少年科普教育放在活动首位，认真贯彻《中华人民共和国科学技术普及法》《全民科学素质行动计划纲要》《新疆维吾尔自治区科学技术普及条例》和自治区有关青少年科普工作指示精神，以培养学生学科学、爱科学、讲科学、用科学的探究创新精神和实践能力为重点，开展丰富多彩的科普活动。

（2）科技师资队伍优秀。学校有一支热爱科普教育的教师队伍，无怨无悔带领学生投身科技事业，做好科技教学及科普工作保障服务工作（即订阅一本科普书刊，辅导一个科普课外兴趣小组，每周摘录一条科普信息等）。

（3）科普活动丰富多彩。学校多年以注重“体验、创新、成长”为主题的科技节活动深受学生喜爱，开展电脑机器人创意活动、“飞向北京暨我爱祖国海疆”航空航海模型比赛、“驾驭未来杯”车模和建筑模型比赛、校园青少年科技创新大赛、“走进马兰冬令营”活动、“放飞理想”纸飞机比赛、“智力七巧板”科普竞赛活动及“废旧物作品创意”活动，开展“国枕杯”科普知识竞赛、国际数棋比赛和校园综合实践活动等，各项活动历年来在全国、全区及全州都获得优异成绩。

（4）阵地不断完善创新。学校不断提升科普活动场所综合层次，完善硬件设施，定期更新橱窗科普宣传内容，增加配备必要的现代传谋设备，提高科普教育手段。学校已准备在现有校园科技专业室的基础上筹备建立“科普工作制作室”“科普知识活动展厅”和“科普荣誉展示厅”，进一步丰富和充实学校科普工作内容，提高了科普教育成效。

7. 深化家庭教育，助力共育人才。家长学校工作在目标上尊重个体差异，内容上重视民主法制精神教育、心理健康教育和环境道德教育，方法上注重更新家庭教育观念，构建民主平等的亲子关系，培养孩子独立、自主、健全个性和自我管理能力，充分尊重和信任孩子，着重培养家长育人能力，经常开展家庭教育的体验活动，促进家庭教育不断发展，涌现出一批批“教子有方好家长”“支持班级工作好家长”，每学期进行表彰，并交流育子经验，探讨教育新方法，共创家庭教育新局面。

8. 注重心理健康指导，积极探索有效途径。

（1）规范实施。学校十分重视心理健康教育工作，重视学生良好个性心理品质教育，校领导亲自主抓心理健康教育工作，配备兼职心理教师，并持证上岗，建立较规范的心理咨询室，每周心理健康课有计划，有档案，有记录。

（2）保障课时。学校按要求开足开齐各年级心理健康教育课，特别是在青春期教育中，对小学高段学生进行分段讲座，力争上好每一节青春期教育课，针对学生年龄特点坚持开展青春期教育及心理健康教育工作。

（3）培训师资。学校派教师参加心理健康培训，并特别重视校内教师心理健康培训，至少有五人获得国家二级以上（含二级）心理咨询师资格证（或心理教育专业本科生）且专职从事学校心理健康教育工作。

（4）措施多样。各学科教师能根据课程的需要，在课堂上渗透心理健康常识，引导学生积极健康地生活和学习；班主任老师抓好学生日常心理疏导，及时处理学生心理问题，对于离异家庭学生心理问题和行为问题进行定期的心理疏导，及时矫正某些学生不健康心理，德育处和心理健康教师定期通过青春期教育讲座、班队会课、观片等形式对学生进行心理疏导，增强学生抗挫能力和适应社会能力，帮助学生解除心理压力，培养健全良好人格。

9. 完善德育科研工作，注重德育成效深化。

2009 年 11 月，学校申报了自治区德育科研规划项目——《民汉合校后校园文化建设的个案研究——库尔勒市第一小学德育工作的探究》。课题组依照课题计划如期开展德育课题活动，积极探索德育工作新方法、新思路，该课题已于 2013 年结题。2012 年，学校又申请了国家“十二五”规划重点课题“中国学校心理健康教育专业化发展研究”子课题“小学生常见的心理问题与解决策略研究”的研究工作。两年来，学校课题领导小组与全校师生同心协力，积极投入到课题研究之中，探索学生心理发展规律，研究解决学生心理问题的方法。

四、加强自律自省，面向美好未来

1. 班级文化有待提升。学校班级文化基本停留在常规管理和基本要求方面，系统化、特色化、个性化不足，有待进一步探索研究完善。

2. 德育队伍再培养。社会多元化发展对德育和管理提出更高要求，学校青年教师需要学习和提升，学校优秀教师也需要不断转变观念，改变方式，学校将努力建设一支思想素质好、业务水平高、奉献精神强、现代理念新的教师队伍。

习近平总书记在 2014 年 9 月 9 日同北京师范大学师生代表座谈时指出:“好老师应该懂得，选择当老师就选择了责任，就要尽到教书育人、立德树人的责任，并把这种责任体现到平凡、普通、细微的教学管理之中。”校长是一校之魂，是规划和引领学校健康持续发展的人，其办学理念和办学思想，直接影响着学校的发展，更是学校立德树人责任落实的根本保障。33 年的教育生涯中，我从未懈怠过，一直努力在实践的基础上注重理性的思考，坚持以人为本，立德树人，致力于让每个孩子在成人的过程中实现成才，让每一位教师在敬业过程中实现专业成长，让每一处环境在有形的变化中体现无声的熏陶，让校园成为每个生命个体发展的沃土，成为培养一代又一代拥护中国共产党和我国社会主义制度、立志为中国特色社会主义奋斗终生的有用人才的坚强阵地。

2017年3月

六十年守常中一脉相承　新世纪创新时厚积薄发

——库尔勒市第一小学学校文化建设重塑纪实

新时代是更为开放的时代，世界潮流期待新时代的中国奇迹，同样中国也期待新时代的教育奇迹。习近平总书记明确要求，我们办的是社会主义教育，要培养社会发展、知识积累、文化传承、国家存续、制度运行所要求的人。这是我们思考和谋划学校工作的逻辑起点，也是必须牢牢把握为人民服务、为中国共产党治国理政服务、为巩固和发展中国特色社会主义制度服务、为改革开放和社会主义现代化建设服务的根本任务，真正做到为党育人、为国育人。因此作为校长要始终坚持办学治校的正确政治方向，要不断地追求，要思考新时代如何通过重构学校文化使得历史厚重的库尔勒市第一小学焕发巨大的生机和活力，学校近 60 年的历史几经变更，看起来既没有标新立异、别出心裁，也没有亦步亦趋、盲目效仿，有的只是经得起时光打磨的尊崇真理、追求真实、倡导真诚、奉献真爱的教育风骨，我们应该挖掘这些深厚的文化因子，形成稳定持久的核心竞争力——文化竞争力。

一、我们的现代文化价值观

学校文化价值重塑是学校管理的核心内容，指学校核心价值体系即精神文化的重新思考、塑造、表述，使学校核心价值体系完整化、逻辑化、个性化，实现其引导功能，通过组织文化特质建设增加学校内生力。2016 年，我作为学校校长带领全体教职工对学校历史和现状进行全面分析和认真思考，对学校办学理念“以人为本，促进全体学生的全面发展，实现教师专业可持续发展”核心理念进行了深入地梳理提炼，理清了学校五十多年文化价值观发展的脉络，从八十年代的“自然和谐”到九十年代的“三个一切”再到 2000 年后的“全面教育”，找到了学校发展的核心价值始终是真爱教育、真爱学生、真爱学校，我们将58年的办学历史和教育风骨凝练升华为——尚真教育，基本内涵是尊崇真理，追求真实，倡导真诚，奉献真爱。

尚真教育理论解释——尚：注重；真：1. 真实　2. 清楚　3. 的确，实在。

尊崇真理：德国剧作家、诗人、思想家歌德认为“智慧只能在真理中发现”。亚里斯多德认为“吾爱吾师，吾更爱真理”。阿 . 第斯多惠认为“好的教师是给学生传授真理，好的教师是使学生找寻真理。在第一种情况下，运动是由上而下进行的，在第二种情况下，运动是由下而上进行的。前者是学生由顶峰开始，努力走向基础，后者是从基础开始，学生站在基础上面，然后进到终点，升到顶峰。”苏霍姆林斯基认为“真正的教育者不仅传授真理，而且向自己的学生传授对待真理的态度，激发他们对于善良事物受到鼓舞和钦佩的情感，对于邪恶事物的不可容忍的态度”。

追求真实：法国哲学家狄德罗认为，“任何东西都敌不过真实”。雨果认为，“真实之中有伟大，伟大之中有真实”。黄炎培认为，“今一切事业，须从科学上解决；而一切学问，须从事实上研究”。陶行知认为，“教学必须符合人的天性及发展的规律。这是任何教学的首要的最高的规律。教师的职务是‘千教万教，教人求真’；学生的职务是‘千学万学，学做真人’”。

倡导真诚：真诚是处世行事的最好方法。拉罗什福说“真诚是一种心灵的开放”。乔叟说“真诚才是人生最高的美德”。

奉献真爱：教育植根于爱。鲁迅说“没有爱，就没有教育。”苏霍姆林斯基说“爱是教育的真谛，爱的教育是不需要前提的，这才是真正的教育之爱”。卢梭说“凡是教师缺乏爱的地方，无论品格还是智慧都不能充分地或自由地发展”。

新时代学校文化重塑顺应了新时代对教育“强起来”的要求，库尔勒市第一小学办学理念的凝练呼唤“尚真教育”诞生，这既是对学校历史文化的传承，更是立足当下校情的创新发展，是学校文化近60年守常中的一脉相承，更是新世纪创新时的厚积薄发。

二、我们的现代课程建构

（一）57年的光荣历史值得我们坚守。教育的本位功能是育人，我们必须回到原点去看我们需要给孩子开设怎样的社团课程。学校有坚持30年的少年科技活动，30年少儿乒乓球训练，22年少年警校，20年数学口算竞赛，20年综合实践活动，20年足球篮球训练，14年“三杯”教学竞赛，14年“校园四节”，6年教职工软笔硬笔书法练习的经历，语文学科有读书和写字，数学学科有国际数棋、创客魔方、智力七巧板和算盘，科技有海模、航模、车模、建模和机器人，体育有皮球、足球、篮球、排球、乒乓球、羽毛球等六种球类训练，艺术有京剧、越剧、黄梅戏、花鼓戏等六种戏剧传唱。这些丰富多彩的传统社团活动呈现了学生的发展状况和水平，有效促进学生的全面发展、特长发展、个性化发展和长远发展，真正推进素质教育。

（二）57年的光荣历史值得我们创新。为保证课程开发的科学性，我们依据国家的教育方针和学校的育人目标，对学校课程体系所包括的门类，课程的内容和标准应当维持的范围和程度等进行了详细规划。2016年，在“以人为本，促进全体学生全面发展，实现教师专业持续成长”教育理念的引领下，学校引进山东潍坊市峡山小学建构的i课程体系。i课程就是“我课程”，是为“每一个”孩子设计的（爱）课程，其设计理念是指人和所有的生物都有共同的自然属性，人需要有旺盛的生命活力，所以必须开设体育和健康类的社团课程——i体育，人和一部分动物身上有社会属性。例如，蚂蚁、蜜蜂等，人是社会的一部分，所以需要开设心理健康、交往、合作、规则类的社团课程，人还有自身的精神属性，人的精神属性又分为三个领域：科学、艺术、人文，科学让人求真，艺术让人尚美，人文让人致善，所以必须开设i探索、i艺术、i语文的社团课程。自然的人、社会的人和精神的人考虑全了，才是促进一个人的全面发展。我们还要调查分析孩子的兴趣爱好，尽可能地满足不同孩子的发展需求。通过社团课程整合可以很好地提高教师实施课程的能力。目前，学校通过整合形成了1—6年级的“i语文”“i数学”“i英语”“i体育”“i探索”“i艺术”六门社团课程。

重建的课程结构充分体现了课程内容的现代化，形成了正确的评价，促进了学校课程的民主化与适应性。适合每个孩子发展的课程，为孩子的自由发展提供了必要的土壤，让校园生活本身成为孩子幸福童年的一部分，使孩子的天性得到自由释放，潜力得到自由发展，使他们的行为规范、自律，使他们的心灵自由、舒展……

三、专家顶层提炼文化重塑

2018年5月30日下午，中国教育学会教育策划委员会专家委员李晨红教授到校参观校园阅读、书法等校园文化建设，听取学校“尚真教育”和“i 课程”专题汇报，在一个小时内信手拈来，再构学校文化，令到会的全体学校中层以上领导、学科带头人、库尔勒市教研员、巴州名校长工作室成员无不折服认可。升华后的库尔勒市第一小学凝练诗意的学校办学理念是“尚爱求真、书润一生”，凝练诗意的学校课程体系是“i 真”课程——“书海扬风帆，i 真达彼岸”，“i·真”课程文化体系顶层设计（2.0 版）的育人目标是“有真爱、寻真理、求真知、有真能、敢真创的时代健美少年”，三风一训为：学风“勤学、善思、明辨、真行”，教风“精业、善导、博学、真爱”，校风“博爱、求真、尚书、创新”，校训“千学万学学做真人”，课程领域为基础性课程（国家课程）、拓展性课程（区、校）、选择性课程（社团）、综合性课程（主题教育活动、节日、节气课程），具体为有真爱、寻真理、i 品行（品德与行为）——道德与法制、品生、品社班队会、国旗下讲话、礼仪志愿者、主题活动；讲真言、i 语言（语言与人文）——语文、英语、主题阅读、写字、经典诵读、主持人、文学社、读书节；有真能、i 数学（数学与思维）——数学、数棋、七巧板、算盘；敢真创、i 探究（探究性学习）（科学与创新）——科学、信息技术、综合实践活动、四模、创意魔方、机器人、电脑编程、科技节；显真美、i 健心（心理健康运动与健康）——体育、健康、篮球、足球、乒乓球、田径、轮滑、体育节；i 艺术（艺术与审美）——音乐、美术、书法、六戏曲、剪纸、脸谱、合唱、舞蹈、街舞、电子琴、民族乐器、科幻画、女红、艺术节等。

文化是一个国家一个民族的灵魂，文化自信是更基础、更广泛、更深厚的自信，它彰显了新时代的灵魂，也是学校“强起来”的精神源泉、精神武器和精神脊梁。我们坚持在回溯历史，尊重校情，展望未来的指导思想下，力求做到学校文化重塑定位更准确，重点更突出，特色更鲜明，表达更晓畅。

四、让阅读成为我们的生活方式

自 2004 年学校开展第一届“读书节”阅读活动以来，历届学生都能从初步理解、鉴赏文学作品，逐渐受到高尚情操与趣味的熏陶，发展个性，丰富自己的精神世界，蔚然成风的读书爱好使学校成为师生人人深爱的书香校园。但是学校阅读校本课程建设不规范，师生家长阅读认识有差异，教师阅读课程研究意识不强，课内课外阅读衔接不紧密，学生阅读能力培养无有效方法。

2018 年 5 月 31 日上午，李晨红教授到校现场听评顾萍、温静、马丽三位教师的语文课，并作《语文阅读策略指导》专题讲座，以主题阅读课题为引领，为阅读教研活动从理论与实践方面进行策略指导，使全体语文教师明确在阅读教学中学策略、用策略、超越策略，实现学生为主体，以期再造新课堂。学校全体教师受到深刻启迪，认为困扰我们阅读教学的瓶颈问题迎刃而解，三年级语文学科带头人马丽认为："主题阅读课题为学校开展主题阅读活动指明方向。通过开展教研活动，让老师明白了主题阅读就是以教材为主线，将课内阅读与课外阅读有机地整合在一起，让阅读实现得法于课内，得益于课外。"四年级语文学科青年教师廖娇娇认为："主题阅读让我尝试了不同的教学方式，四年级是从识字到阅读的转变时期，阅读教学一直是我在语文教学中很重要而又很薄弱的环节，主题阅读明确了学习的目的，学生带着主题来阅读，通过阅读找到其中的快乐。从小就培养学生的这种文化底蕴，其妙处不仅仅在于多认字，更重要的是一种人生的沉淀。"五年级语文骨干教师王馨翊认为："初次接触主题阅读教学，令我感触良多。教材的每一个单元，从单元导读到课文选编，从资料袋的素材到语文园地的设计，都紧紧围绕着单元的一个特定主题。它的意义在于引领学生有主题地的读书，使阅读文本相对集中，就更能震撼学生心灵，强化认识，升华情感，形成正确的人生观、价值观。"二年级语文学科青年教师贺茹认为："主题阅读策略能够引领学生有主题地读书，使阅读文本相对集中，更容易震撼学生心灵，强化认知，升华情感，更能尽早、尽快地培养学生广泛的阅读兴趣，扩大阅读面，提升阅读速度，以实现'好读书，读好书，读整本书'的阅读目标。"一年级李振娟老师班的家长认为："学校的主题阅读活动非常不错，现在孩子在家里很喜欢读书，而且是用不同的形式读书，都不需要提醒。读书背书成了一种乐趣，我很喜欢和他一起读书，能陪他一起学习，一起快乐。"二年级程继香老师班的家长认为："主题阅读是根据课内知识给孩子们补充的相关知识。在孩子阅读的时候，我会注意她阅读的语调，注意富有感情的朗读，有时候还会和孩子一起分角色朗读，激发孩子阅读的兴趣。这种长期一点一滴的积累，潜移默化的成效是不可估量的。感谢主题阅读让读书成了我和孩子之间最好的亲子活动。"五年级陈雯老师班的家长认为："主题阅读中老师的引导到位，我感到非常有必要每天和孩子一起读书，让我看到了孩子的朗读能力在逐步提高，增长课外知识的同时加大了识字量。你读我诵，声声传诵，持之以恒，一定收获多多。"

主题阅读策略创新地运用主题学习的方法，将语文学习与学生生活体验紧密结合，做到了通过一个个小小的主题，让学生看到的是具体生动的世界，使阅读过程成为精神的洗礼、情感的回荡、心灵的旅行、生命的涅槃，同时随着孩子们年龄和阅历的增长，这些阅读量会化作涓涓细流，不断地滋润孩子们的心田，从中开出智慧之花，结出成功之果，实现“好读书，读好书，读整本书”的阅读目标，真正提高学生的人文素养，校园中已经呈现出“书如好友、书如美食、书如我家”的美好意境，是践行“尚真教育”最有效的平台之一。我们相信通过主题阅读策略的实施一定会实现读书圆梦，催生好少年，滋养好教师，树立好品牌。

五、专家启发激荡灵感，城乡文化构建一脉相承

在推进义务教育均衡化进程中，库尔勒市第一小学与托布力其中心小学成为城乡捆绑联盟教育集团，全新的教育责任和管理模式要求我们城乡学校文化构建做到一脉相承，我们带着库尔勒市第一小学诗意的办学理念“尚爱求真、书润一生”出发了：在一条笔直的乡村公路，一辆小巧的白色轿车，四个同心的激情女子，一路跳跃的头脑风暴，从城市到乡村，从市第一小学到托布力其乡中心学校，因着对梨城教育的执着与热爱，在短短四十分钟车程内欢声笑语充盈着，梳理提炼托布力其乡中心学校“红心爱党、书润一生”的红色文化理念。红：红色代表着红色的国旗，红色的党旗，红色的团旗，红色的队旗，寓意着托布力其乡学校紧紧围绕在党中央周围，坚定不移地培养红色的革命接班人。心：心脏代表着理想信念，寓意着托布力其乡学校的老师、学生和家长有着坚定执着的爱党心愿，众心一致、众志成城，树立正确的世界观、人生观、价值观，永远热爱我们伟大的中国共产党。爱：代表着教育的真谛，寓意着托布力其乡中心学校充满爱，老师爱学生，学生在爱的哺育下健康快乐的成长，学生爱老师、爱学校，珍爱生命，建全人格，全体师生热爱我们的家乡，热爱我们的祖国，热爱中国共产党，让学校处处既有小爱，又有大爱。党:爱党无大小，处处是爱党，寓意着托布力其乡学校的老师们在三尺讲台默默奉献，培养坚定的社会主义接班人，就是新时代的爱党表现，师生时刻把“以热爱祖国为荣，以危害祖国为耻”牢记心上，明确社会责任，增强责任担当和实践创新，坚定从小跟党走的信念。带着“红心爱党、书润一生”文化理念凝练形成的激动与灵感，集团班子齐聚托布力其中心学校大门，以顶层文化设计为统领，群策群力挖掘传统，打造亮点，畅想未来……从古朴水井到葡萄长廊，行至教学区门头赫然抬头看见以前的校徽竟然是书本上面一颗手握红心造型，这不正是“红心爱党、书润一生”吗？真是神奇的巧合！

习近平总书记在北京八一学校座谈时说，基础教育是提高民族素质的奠基工程，要遵循青少年成长的特点和规律，扎实做好基础的文章。基础教育要树立强烈的人才观，大力推进素质教育，鼓励学校办出特色，鼓励教师教出风格。

库尔勒市第一小学全体教职员工对“尚真教育”教育思想的研究与实践，使“尚真教育”铸成自己独特的教育精神与文化特质，也是我们追求的最高境界。因为“尚真教育”，我们看到了学校师生绽放的激情、厚重的责任和无限的可能，“尚真教育”已经成为我们追寻教育价值的外在形态和创新内容，“尚真教育”也成了库尔勒市第一小学心中最明亮的灯塔，我们会沿着自己认准的目标不抱怨、不变调、不懈怠，在守常中出厚重，一任接着一任干，一步接着一步走，一脉相承，厚积薄发，走向前方。

2018年6月

凝心聚力谋跨越　国雅文化育栋梁

——论学校文化是学校核心竞争力的有力实践

库尔勒市实验小学前身是巴音郭楞蒙古自治州蒙古族小学，因为教师普通话教学水平不高导致教学质量不高，家长社会认可度低，学校面临几乎招不上学生的困境。2018 年 10 月整体移交库尔勒市人民政府管理，短短一年学校实现了跨越式发展，学校积极申请成为全国小学生乒乓球“向阳杯”成员学校、中国青少年人工智能教育示范基地，荣获首届自治区文明校园、自治州优秀少先大队荣誉称号，两位语文教师荣获全国评优课一等奖，一位体育教师荣获自治区评优课二等奖，语文数学英语三位教师分别荣获自治州一二三等奖，巴州科技创新大赛三个一等奖，全体各族教师人人写得一手规范小篆书法，学生学习成绩大幅度提高，短时间内迅速赢得了学生家长高度认可，学校步入良性发展轨道，进入转型跨越的前征程，呈现出教师振奋、学生乐学、家长放心的和谐向上的积极氛围。这一切逆转源于学校“国雅文化”已经成为引导人、鼓舞人、激励人的一种内在动力，是凝聚人心、激励斗志、催人奋进的一面旗帜，充分说明学校文化是学校的核心竞争力。

学校文化具有统整性，涵盖教师文化、学生文化、课程文化、组织文化和环境文化等，学校文化逻辑位置最高，指向和包含学校的一切工作，是一所学校的生存与发展方式，决定着学校战略及相应的制度策略的制定和策划，决定着教育教学质量的提高和发展的速度，决定着校内各种资源的开发利用和整合，塑造着学校的社会形象。完整化、逻辑化和个性化是三个递进的要求。完整是规范性要求，指学校核心价值体系完备不缺项，包括核心价值观、培养目标、办学目标、校训校歌、校徽等元素。逻辑是层次性要求，指学校核心价值体系的表述逻辑一致、内容逻辑一致、形式与内容逻辑一致，这个体系是以核心价值观为中心建立的多元和谐的体系，位置有层次不混乱，核心价值观可以包括多组价值，但须只有一种表述而不是多种说法。个性是文化性要求，指学校核心价值体系的内容和表述能够体现学校文化特征，即组织特质。库尔勒市实验小学通过学校文化顶层设计，使学校核心价值体系完整化、逻辑化、个性化，实现其引导功能，通过组织文化特质建设增加学校竞争力。学校从以下四个方面完成了变革时期书记校长如何领导和管理学校价值建构的过程。

一、梳理办学历史：梳理历史指梳理、明确、掌握学校组织发展的历史和传统，包括时间阶段、关键事件、关键理念、特色项目、传奇故事等，目的在于寻找和提炼学校核心价值观。梳理历史是学校文化管理必做的第一件事。

1. 历史沿革：库尔勒市实验小学位于库尔勒市天山东路 13 号。学校始建于 1981 年，名称为巴音郭楞蒙古自治州师范学校附属蒙古族小学。2004 年 10 月整体搬迁到现在的新校址，2005 年更名为巴音郭楞蒙古自治州蒙古族小学，2017 年 9 月更名为巴音郭楞蒙古自治州第一小学。2018 年 10 月整体移交库尔勒市人民政府管理，11 月更名为库尔勒市实验小学，是一所完全小学。

2. 地域环境：库尔勒市实验小学位于城市西北方，东临拥军广场，西濒南疆最大商贸中心华凌市场，背靠驻库部队、巴州第一中学和居民小区，面向库尔勒市天山街道办事处、巴州电力系统和居民小区，门口有公交 26、29 路可达市内，附近巴州客运站可达巴州各县、疆域各地州交通便利。

3. 学校设施：自 2013 年进行义务教育学校标准化建设以来，自治州党委政府投入 330 万元购置教学仪器设备、图书，粉刷宿舍楼、改造学生食堂，添置厨具，教学楼和宿舍楼窗户安装纱窗，拆除平房，修建校园围墙和水泥地坪，新建校园雕塑、国旗底座和围栏，添置多媒体电教设备、音体美器材、卫生器材等，为教师办公室配备计算机，各班教室均配备大屏幕电视和电子白板，实现了“班班通”。2016 年投入 1000 万元新建塑胶运动场和综合宿舍楼，改造和新建学校大门、警卫室、监控室，重新安装校园数字监控系统和装修专业教室，学校现有图书阅览室、科学实验室、计算机室、劳技室、美术室、绘画室、电子琴室、音乐室、舞蹈室、器乐室、心理咨询室、茶艺室、棋艺室、泥塑室各一间，学生饮水机 4 台，音乐、体育、美术、劳技器材和科学实验仪器等器材按教学需求配备，图书总量达到 16484 册，生均图书 52.3 册，拥有 87 台计算机，所有教室都安装了校园广播、校园网络系统，学校办学条件得到了明显改善。现在学校按照发展规划逐步调整布局，校园明亮干净，四周绿树环绕，楼前绿草如茵、花团锦簇，校园呈现出全新的面貌。

4. 办学规模：学校现占地面积为 20200 平方米，总建筑面积为 11591.45 平方米，在校生 308 人，9 个教学班，学生入学率、巩固率、毕业率、普及率均达到 100%。学校实行党组织领导下的校长负责制，设立党支部、工会、妇委会、团支部组织及办公室、财务室、教务处、德育处、总务处、教研室、电教中心等部门。

5. 师资状况：全校在编教职工数 52 人，其中专任教师 41 人，学历全部达标；州级教学能手 2 人，州级骨干教师 3 人，校级学科带头人 2 人，校级骨干教师 5 人，市级教学能手工作室 2 个。高级教师 4 人，一级教师 10 人，二级教师 24 人，三级教师 1 人。档案中级 2 人。

6. 办学劣势：学校领导班子在后备干部队伍建设、年轻干部的动态管理和培养锻炼方面做得不够，学校办学理念需要提炼，学校文化建设缺乏顶层设计，学校制度需进一步完善和补充，教师队伍整体比例不平衡，学科结构不尽合理，缺少心理学、科学、综合实践等学科专职教师，教师教育理念需要进一步提升，教学方式需要不断改变，课堂教学效率需要进一步提高，教学质量需要进一步提高，课题研究质量需要提升。德育队伍培养的规范性系统性不足，班级文化基本停留在常规管理和基本要求方面，系统化、特色化、个性化不足，学生行为习惯、文明行为、学科成绩需要进一步提高，家庭教育缺乏科学指导，班级学生少，没有平行班，社会和家长认可度低。

二、挖掘核心价值：挖掘核心价值观背后的深层假设、意识形态等，就是回答“为谁培养人”“培养什么样的人”“怎样培养人”的问题，我们要带领学校寻找和凝练出所有说法背后共同的东西，以核心价值观形式表述出学校的教育信仰和价值追求。

1. 光荣历史：学校从建校起就是实施寄宿制小学教育，比普通小学承担了更多的责任和使命，三十多年来一直承担着边远草原牧区蒙古族寄宿学生的学习生活教育，尤其是二十世纪九十年代抚育巴州本土 38 名蒙古族孤儿成长，每逢双休日和节假日老师们都把孩子们领回家，直至小学毕业始终给予这些孩子亲情的慰藉。虽然没有骄人的成绩和闪光的奖牌，但是老师们无怨无悔以辛勤的付出、精心的抚育、细微的耐心、无私的爱心撑起了巴州教育的一角，从中我们找到了始终贯穿学校历史的教育追求，那就是强烈的责任感——“为国育才有担当”。

2. 办学优势：学校实行党支部领导下的校长负责制，领导班子政治立场坚定、坚持社会主义办学方向、教育教学能力较强，懂教学，善管理，年龄结构合理，能够担当带领全体教职工实现跨越式发展的重任。学校党支部坚持“三重一大”民主议事规则和决策程序，全面落实“党政正职‘四不直接分管’”制度，加强党内监督，严肃工作纪律，确保学校各项工作有序高效运行。学校拥有一支政治素质较高、工作责任心强、爱生如子的德育教育队伍，德育教育活动内容比较丰富，开展多种形式“去极端化”主题教育，民族团结教育效果明显。学校拥有一支政治业务素质较高的教师队伍，爱岗敬业，集体荣誉感强，接受现代教育理念较快，课堂教学体现师生和谐的教学氛围。学校学生品行端正，勤学善思，阳光大方，健康快乐。学校拥有现代化教育教学设施，为教育教学活动的开展提供了较为坚实的物质基础。

3. 面临的机遇：

（1）习近平总书记对教育的重要论述和全国教育大会及自治区教育大会充分体现党和国家对教育的高度重视，教育面临美好的发展机遇。

（2）学校移交库尔勒市人民政府管理，市委市政府配齐配强领导班子和优秀师资力量，努力把学校办成老百姓家门口的好学校。

（3）库尔勒市 2018 年 9 月起实施网上招生报名，严格按照划分学区招生，可以有效保证学校学生数量逐年增长。

4. 存在的风险：2019 年 9 月即将增加的几十余名教师和四百余名学生会给学校管理的方方面面带来压力和挑战，教师队伍的培养和教育教学质量的提高面临较大的困难。

在挖掘核心价值的过程中，学校坚持以习近平新时代中国特色社会主义思想为指导，全面贯彻党的十八大、十九大“立德树人”教育理念，践行习近平总书记关于教育的理论论述，紧紧围绕全国教育大会“为党育人为国育才”精神，结合“六个下功夫”，秉承学校“为国育才有担当”的教育信仰，立足“培养具有社会责任、国家认同、国际理解的社会主义接班人”的育人责任，精心打造国雅文化，努力建设具有教育责任感、使命感和荣誉感的现代学校文化。

三、联合各方力量：联合力量指学校文化管理的关键环节需要发动、借助和依靠各方力量和智慧。一是依托资源利用专家力量，包括研究者和大学专家。学校首先邀请库尔勒市知名教育专家原督导室主任苏秀敏、原第八中学校长马俪、开发区中学校长王红萍，其次借助自治区库尔勒市第一小学名校长工作室邀请中国教育学会教育策划委员会专家委员李晨红教授、中国人民大学教育学院副教授杨海燕博士，同时邀请库尔勒市优秀小学校长团队十余人，先后到校察看学校办学环境，对学校进行全方位的了解，把脉学校文化顶层设计，根据我们呈现的学校历史、学校优势、学校问题、学校未来发展规划等，进行了“头脑风暴”，沟通经验世界与理性世界，进行研究者与学校的对话，帮助学校掌握系统思考学校发展的方法论和认识论工具。通过我们借助引进教育专家和教育同行参与深度调研，明确了学校文化建设的思路。二是我们在学校文化理念确立上不再囿于“象牙之塔”，而是调动教职员工和学生的积极性，自觉发动学校力量，降低决策重心，多次召开校级干部、中层管理干部、班主任、学科教师、学生代表等专题座谈会，全体成员广泛深入参与历史梳理、深入挖掘价值等建设过程，形成高认同状态，这样容易实现高接受行为；三是主动吸纳社会力量，包括学生家长和各方社会力量，召开家长、学生等几个层面的座谈会，征集和吸纳他们的建议，分别邀请巴州知名教育家书法家刘英才、巴州书法家协会副会长王建国、秘书长王根相、优秀青年书法家曹军福、自治州知名科技专家任双庆、美术专家张江权等来校进行指导把脉，调动可利用的社会资源，为学校文化献计献策，取得巨大成效。

思路决定出路，眼界决定境界。习近平总书记说“我们不仅要了解中国的历史文化，还要睁眼看世界，了解世界上不同民族的历史文化，去其糟粕，取其精华，从中获得启发，为我所用”，“今日之中国，不仅是中国之中国，而且是亚洲之中国、世界之中国”。前瞻未来之中国，可以一窥中华文化兼收并蓄、与时俱进的永恒气质。通过充分吸纳整合专家同行提供的思路和向社会及本校教职员工、学生家长征集的意见，学校党支部反复比较、筛选，明确既要传承学校强烈的历史责任感——“为国育才有担当”，更要在新时代勇担弘扬中华民族优秀传统文化的使命担当，最终确定以“国雅文化”为切入点，汲取中国传统文化精华养分，挖掘“国雅”之中蕴含的深厚优秀传统文化精髓，找准“国雅”为合乎规矩之意、高尚之意、敬辞之意、交情之意、持之以恒之意、传播文明礼仪之意、责任担当之意，引导师生做“传承中华民族精神让中华民族矗立于世界之林的有志之士”，明确以“国雅文化”之“爱国、守正、尚勤、求活”为核心价值标准，回答“为谁培养人”——“爱国”（爱国爱党），“培养什么样的人”——“守正”（雅正规范有责任），“怎样培养人”——“尚勤、求活”（尊崇中华文脉、面向未来和世界追求创新），培育学校国雅文化、慧雅管理、心雅德育、智雅课程、趣雅课堂、灵雅评价建设，涵养儒雅教师、培养文雅学生、

润养高雅学校，以“做有中国灵魂世界眼光的有志之士”为校训，至此“国雅文化”的理念初步确立。

四、明确话语表述：表述话语指遵循完整、逻辑、个性三原则，修正和建立表述学校核心价值体系。学校核心价值体系的表述常有的毛病是：完整性问题——缺必备项或多余不必要项，如没有明确的培养目标或校训的表述，或设置校风教风学风等项与校训重复且逻辑关系不清楚。逻辑性问题——多种表述貌似多个核心价值观的并存，体系失重；内在逻辑层次混乱，没有中心，形式与内容不是一个逻辑等。在学校文化建设中有一种误解，经常把管理、教学、德育、后勤与文化并列，认为只有做好前面的工作才能做文化。个性化问题——表述平平，缺乏挖掘和底蕴，如“团结、勤奋、进取、创新”这一校训多所学校在用，其实也适合所有组织。那么，学校文化个性何在？不能在组织同形意义上而应该在组织特质意义上斟酌表述。话语表述是对学校文化个性的检验和表达，更是对校长思维水平、知识结构和团队智慧的检验。

（一）基本核心概念：

1.国雅教育内涵——坚定不移执行党的教育方针，践行立德树人的教育使命，高度认同中华文化国家历史的连续性，遵循教育发展规律，进行雅正规范教育，以“爱国、守正、尚勤、求活”为核心价值，以“涵养儒雅教师、培养文雅学生、润养高雅学校”为教育目标，用“以雅育雅”的核心理念和方法对师生进行熏陶和培养，使师生在博大精深的中华文化的雅境中共同经历与成长，培养具有社会责任、国家认同、国际理解的社会主义接班人。

2.《实验小学三风一训》：校训——做有中国灵魂世界眼光的有志之士，校风——爱国、守正、尚勤、求活，学风——态雅、言真、行正、业勤，教风——优雅、和雅、博雅、宽雅。

《实验小学儒雅教师标准》：

外在言行优雅：

① 仪表端庄沐春风。穿戴整洁，端庄典雅，尽显职业风采。

② 言行文雅人人敬。言辞柔软，态度谦和，方能优雅天成。

③ 与人为善人之本。心怀良善，真诚待人，才能润物无声。

④ 退步思量事事宽。和风细雨，胸怀宽阔，营造和谐社会。

内在气质儒雅：

① 腹有诗书气自华。在终身阅读中走向精深，走向博雅，用丰厚的文化底蕴支撑起教师的灵性。

② 闲敲棋子落灯花。在琴棋书画中陶冶情操，丰盈灵魂，用精湛的教育艺术支撑起教师的诗性。

③ 春蚕到死丝方尽。在无私奉献中潜心育人，教学相长，用远大的职业境界支撑起教师的理性。

④ 领异标新二月花。在大胆创新中超越自己，超越过去，用高超的教育智慧支撑起教师的活性。

职业品质高雅：

① 坚定信念有理想。坚持以习近平新时代中国特色社会主义思想为指导，践行立德树人教育使命。

② 坚持准则守方针。坚定不移执行党的教育方针，切实遵守《新时代中小学教师职业行为十项准则》。

③ 忠诚担当乐奉献。忠诚党和人民的教育事业，勤勉敬业，关爱学生，廉洁从教，坚守纯洁的精神家园。

④ 为人师表身为先。爱国守法，言行雅正，带头做社会主义核心价值观的传播者和践行者。

3.《实验小学文雅学生雅行规范》：

面必洁：勤于洗澡面整洁，勤剪指甲勤洗手，讲究卫生人人夸。

发必理：勤理头发讲仪表，保持整齐勤梳理，神清气爽好文雅。

衣必整：着装整洁有精神，勤换衣服爱干净，朴素大方不奢华。

容必善：宽厚大度心良善，团结友爱帮弱小，弘扬孝道讲美德。

言必真：对事负责人真诚，言行一致守承诺，高尚人格永相随。

行必正：规范行为守秩序，为人正直有担当，律己敬人美名扬。

业必勤：少年好学立志勇，百折不挠意志坚，善始善终有作为。

态必雅：站立如松坐如钟，集合指令快静齐，彬彬有礼显修养。

4.《实验小学家长文明公约》：

敬爱的家长们：家庭是孩子的第一所学校，家长是孩子的第一任老师，作为一名拥有“全国文明城市”称号的库尔勒市民，作为一名以“国雅文化”为软实力著称的高雅学校的家长，您有责任与我们一起，将文明礼仪通过言传身

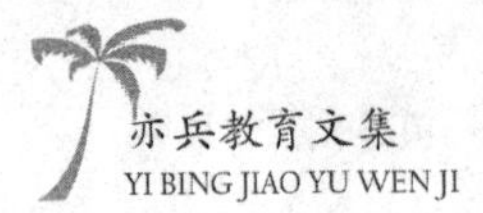

教传递给您的孩子，为您的孩子做出表率，将您的孩子培养成“态雅、言真、行正、业勤”的文雅学生，为此，我们与您约定：

① 行雅：做合格公民，热爱祖国热爱党，遵纪守法正言行。

② 言雅：做智慧家长，知书达理礼让三，率先垂范身先行。

③ 态雅：做良师益友，耐心育子有良方，与人沟通态度真。

④ 容雅：做清雅之士，面容干净显非凡，衣着得体气宇轩。

⑤ 博雅：做有趣之人，博览群书气自华，琴棋书画诗茶花。

⑥ 和雅：做和谐使者，心怀良善气质美，和谐社会正气扬。

5.《实验小学赋》

——悠悠岁月，长葆芳华之姿，广纳华夏一州之瑞气，培育幼苗已结花果，收养四十孤儿有大爱，滋养小树已成栋梁。三十轮春秋，几番更名号，不改初衷为国育才有担当。

当代中国，正逢盛明之世，启程实小，要建国雅之堂。阅古览今，倡导雅教雅育；披肝沥胆，培养雅士雅风；花木荫荫，时时见雅苑雅景；屋宇灿灿，处处生雅意雅思。教学相长，追求知识之博雅渊雅；师生共勉，陶冶胸襟之宽雅和雅。立远志，铸造儒雅文雅之美质；展宏图，练就清雅优雅之良才。习雅趣雅好，争列秀雅典雅之上品；守雅信雅道，必达大雅精雅之高标。是以赞之：倡导国雅教育，传扬使命担当，名为小学校，实为国雅堂。

（二）践行国雅文化。学校构建“四季国雅风”文化架构体系，以“爱国、守正、尚勤、求活”为核心价值追求引领全体师生形成文化认同，做到掌舵指导一个中心（一个党支部战斗堡垒），百花齐放两个堂（教师国雅讲堂和学生国雅学堂），示范引领两面墙（教师风采墙、学生风采墙），建言献策三个会（教代会、少代会、家长会），言行规范三个三（三楼——博雅楼、清雅阁、和雅居，三风——校风、教风、学风，三规范——《实验小学儒雅教师标准》《实验小学文雅学生雅行规范》《实验小学家长文明公约》），人文关怀四个访（教职工病必访、产必访、丧必访、婚必访），达成共识五个一（一赋一训一歌一徽一吉祥物），精心打造两个八（八雅：琴棋书画诗文茶花，校园八处景观+……），引领全体师生追求道理之真、人性之善、创造之美，成就自我五个自（自信、自我、自悟、自爱、自觉），做到行动温润，形成文化自觉，使学校做的每件事都是在做文化，以“四季国雅风”——“春之华·夏之光·秋之实·冬之韵”作为校园文化行动和评价的展示名片，强化“做传承中华民族精神，让中华民族矗立在世界之林的有志之士”的雅士责任风骨，建立国雅文化管理磁场。

（三）启动慧雅管理。学校党支部充分发挥工会、妇委会、团支部、少先队等群团组织作用，依据“鱼缸理论”成方圆加强教职工思想政治教育，依据“南风法则”融温情关心教职工心理身体健康，依据“木桶原理”励成长开展教职工岗位练兵活动。一是形成优势传统主题活动，组织开展“四季国雅风——春之华·三八妇女节主题活动”“四季国雅风——夏之光·民族团结主题活动”“四季国雅风——秋之实·教师节主题活动”“四季国雅风——冬之韵·欢庆元旦主题活动”。二是做到人文关怀，坚持做到四个访（教职工病必访产必访丧必访婚必访），开启教师加油会（落实教师子女哺乳、入托、上学、中考、高考等和新入职青年教师吃住行婚等实际问题），解决教师工作生活的冷暖需求和后顾之忧，创新教职工体育锻炼方式，坚持带领学生跑步和养生健身操有机结合，真正将教师身体健康放在心上。三是优化学校“工会之家”建设，装饰装修教职工休闲娱乐阵地，提供练习八雅：“琴棋书画诗文茶花”基本设施，营造文体娱乐优雅环境。四是制定《库尔勒市实验小学教师每月“优雅之星”“和雅之星”“博雅之星”“宽雅之星”评选方案》，评选先进教师，用教师风采墙激励全体教职工争先创优，大兴科学之风、民主之气，“做传承中华民族精神，让中华民族矗立在世界之林的有志之士”。

（四）推进心雅德育。学校明确坚持“学生文化素养和人格成长并重”的育人追求，树立“以人为本，全员德育”的德育教育理念，把培养和践行社会主义核心价值观融入学校德育全过程，实现实验小学国雅教育“培养具有社会责任、国家认同、国际理解的社会主义接班人”的人才培养目标，以心雅德育引导学生言行举止文雅，崇尚一个愿景（态雅、言真、行正、业勤），建设两支队伍（全员德育金字塔、志愿队伍秧田式），完善六条途径，切实做到课程育人、文化育人、活动育人、实践育人、管理育人、协同育人六育人，形成六大亮点，依托课程全员育人，主题体验实践育人，班级建设特色育人，家校合力真情育人，走进社区责任育人，国雅文化氛围育人。学校党支部结合学校国雅文化价值标准，用24字箴言“面必洁、发必理、衣必整、容必善、言必真、行必正、业必勤、态必雅”作为有效途径，开展“国雅五礼”仪式教育活动，体现庄严神圣，学校将隆重推出“四季国雅风五礼”仪式（四季国雅风秋之实·入学礼、四季国雅风夏之光·入队礼、四季国雅风夏之光·毕业礼、四季国雅风春之华·女儿礼、四季国雅风秋之实·男儿礼），全力加强心雅德育制度和心雅德育文化环境建设，用“以雅育雅”的核心理念和“四季国雅风”文化名片对师生进行熏陶和培养，激发“做传承中华民族精神，让中华民族矗立在世界之林的有志之士”的雅士风骨，发挥思想政治引领和道德价值引领。

（五）实施智雅课程。学校党支部坚持立足国家课程，努力构建“以价值为导向，学生为主体的有效课堂”的课程核心理念，构建国雅特色课程建设体系，打造趣雅课堂，以萌激趣，以实知趣，推行链式研究，重在培养学生核心素养，提高学习品质。学校把审美作为重要品质和修养的重点，精心打造“国雅”课堂——中国传统八雅：琴、棋、书、画、诗、文、花、茶（善琴者通达从容，善棋者筹谋睿智，善书者至情至性，善画者至善至美，善诗者韵至心声，善文者情逢知己，善花者品性怡然，善茶者陶冶情操），举办“四季国雅风——春之华·琴棋会”“四季国雅风——夏之光·诗词大会”“四季国雅风——秋之实·赏花书画展”“四季国雅风——冬之韵·闻茶香品美文”等主题活动，既陶冶情操，又增长知识，让学生在中国传统八雅文化学习、展示的过程中感悟中华传统文化的不朽魅力，以期润养学生的人文艺术素养，培养学生的审美力，激发学生“做传承中华民族精神，让中华民族矗立在世界之林的有志之士”的雅士风骨。

（六）开展灵雅评价。学校激励多元发展，积极引进教师专业评价积分制、师德评价众筹制、综合评价项目制，激励教师成长。完善学生学业评价等级制、技能评价站点制、综合评价奖章制，面向全体学生，做到全体学生十二个百分之一百：琴艺、棋艺、书法、画艺、诵读、茶艺、花艺、传统游戏、乒乓球、跳绳、踢毽子、健身操人人普及，增强学习的自信心，丰富学生的课余生活，发挥学生的特长，促进学生德、智、体、美、劳全面发展。学校将引导全体师生凝心聚力，达成学校跨越式发展的共同愿景，明确学校发展方向，不断完善学校评价体系，提升学校办学内涵，促进学校健康、和谐、可持续发展，使校园始终充满生机与活力。

从历史中走向未来，在开拓中不断向前。习近平总书记说“中华优秀传统文化是中华民族的文化根脉”是加强社会主义精神文明建设的深厚滋养，对树立正确的世界观、人生观、价值观很有益处，守护中华文脉是对中华优秀传统文化的开拓创新。学校将全面加强党对教育的领导，坚定不移执行党的教育方针，践行立德树人的教育使命，明确国雅文化内涵，进行雅正规范教育，提升学校综合办学能力，扩大学校办学规模，打造高雅校园、乒乓校园、平安校园，实现“培养具有社会责任、国家认同、国际理解的社会主义接班人”的人才培养目标，把学校办成师生共同成长的精神家园和老百姓认可度高的家门口的好学校。

2020年2月

理论研究篇

△教育连接着过去、现在和未来，关系着人的健康、幸福和发展，是人类文明的薪火相传，是莘莘学子的成长沃土，寄托着千万家庭对幸福生活的美好期盼。

△学生的成长、成才才是学校工作的出发点和落脚点。

让德育成为滋润孩子心灵的细雨
——浅谈新时期学校德育工作的继承和发展

进入二十一世纪，青少年的外部环境和他们的身心发展特点都发生了很大的变化，学校思想道德建设既面临难得的发展机遇，又面临严峻的挑战。九年义务教育是社会主义的奠基工程，是提高全民族思想道德素质的奠基性教育，是培养社会主义公民的起点，是一个人能走向正确道路的基石。党中央国务院高度重视学校思想道德建设，于2004年2月26日下发《中共中央国务院关于进一步加强和改进未成年人思想道德建设的若干意见》，体现了党和人民对祖国未来建设者的无限期望。因此，学校要确立思想道德建设五个观念，即：确立素质教育以德育为核心的观念，确立以学生发展为本的观念，确立德育整体性的观念，确立德育有效性的观念，确立教师是关键的观念。为此我们教育工作者一定要进一步认清形势，增强做好德育工作的紧迫性和责任感，处理好思想道德建设的继承和发展的关系问题。

一、正确评价和继承德育工作的优良传统

新中国成立以来，在党的正确领导下，培养了一代代社会主义接班人，学校思想道德建设积累了丰富的经验，德育工作的许多方面已成为优良传统至今熠熠发光，是学校一笔宝贵的精神财富，有效地丰满着学校德育工作。德育工作的优良传统需要我们继承并发扬光大，具体体现在以下三个方面：

1. 师德建设长抓不懈。教师职业道德水平的高低决定了人才培养质量的高低。学校长期高度重视教师队伍的建设，通过学习党和国家的方针、政策和法律法规，提高教职工政治思想水平和职业道德水平，增强依法执教的意识。46年的历史积淀已经形成，教职工正确的教育观念、伦理意识、价值标

准、理想追求是凝聚师生奋发向上的精神支柱，它本身就有延续和继承发扬的价值。

2. 常规建设稳步推进。学校德育工作开展有序，在长期的实践中，学校德育工作已形成两大系列，一方面每年定期或不定期地开展的传统活动，另一方面每学期一个鲜明的活动主题。通过常规的班队会、黑板报、手抄报、值周检查、影视教育、假日小队活动等形式，培养学生良好的道德品质和文明行为。学校已形成尊师爱生、平等相处、相互理解、教学相长的和谐氛围。

3. 特色活动成绩卓著。多年来学校开展丰富多彩的活动以不断加强学生的思想道德建设，逐渐形成了鲜明的特色。其一，少年警校具有强大的生命力。少年警校是对孩子们进行国防教育的最佳形式，是共青团、少先队组织进行青少年思想政治工作的一个创举。从 1995 年开始创办少年警校，每年利用暑假对五年级的学生实施为期十天的军事训练。学员们兴致勃勃地学习党的革命史、军队的传统史、军人的光荣史、军械的制造史。组织学员进行队列、射击、擒敌拳、战地救护等军事技能训练，每期的少年警校都出色地完成预定的训练项目，获得圆满成功，在社会上产生了强烈的反响，赢得了广大家长和社会各界的高度赞誉。1997 年，被自治州评为优秀少年警校，2002 年又获得全国少年警校示范校的光荣称号。其二，“绿色环保小卫士”活动旨在巩固校园美化成果，保持校园洁净。活动实施方案要求绿色小卫士阻止同学进入草坪林带，提醒同学不带零花钱，不乱扔纸屑，使校园文化建设达到美化、绿化的标准，创设了花园式的校园环境。2000 年，学校获得全国第一批国家级绿色学校的殊荣，2003 年成功通过了自治区、州、市环保局关于绿色学校复验。其三，“新世纪我能行”体验教育主题鲜明、丰富多彩、实践性强。学校少先队开展主题设计活动，培养队员的创新能力，开展社会公益体验活动，培养队员合作互助精神，开展革命传统教育活动和自我体验教育活动，培养队员良好道德行为习惯，使少年儿童在广阔的学习空间中得到了锻炼，丰富了知识，提高了综合素质。让少先队员在活动中学会体验，在体验中学会发现，发现问题，发现规律，发现责任，发现道德。

在长期的实践探索中，各学校都已经在德育工作方面卓有建树，形成良好的传统，它看似无形，却遍于教育、教学、管理等方面，渗透在学校工作一切领域，决定着学校的办学方向和教育质量。新时期的德育工作的改革和创新并不意味着对以往许多优良传统给予否定或忽略的态度，而是应该在我们的共同努力下将其发扬光大，焕发更大的生命力。

二、创新和完善德育内容是我们的神圣职责

生活在变化，社会在发展，时代在前进，这无疑给德育工作赋予了新的内容和生机，只有时刻注重捕捉新的信息，充实、更新德育内容，完善和巩固已有的德育优势，才能使我们的工作取得实效。因此，德育工作的创新发展问题非常严峻地摆在我们面前。

1. 打造一支过硬的师资队伍是创新发展德育工作的关键。

“学为人师，行为示范。”学校教育的一项重要功能就是示范和引领，因此学校应成为一片道德的净土，一个“精神特区”。这就要求教师用充满爱心和责任感的言行，在潜移默化中影响学生的精神生活。学校要切实加强教师职业道德建设，引导全体教职工树立育人为本的思想，树立正确的价值导向，并通过校本培训做到文化的超前，理念的转变，知识的掌握，能力的提高，这样才能做到认真贯彻教育法律法规，热爱学生，言传身教，为人师表。同时学校要结合中小学人事制度改革，调动全体教师的工作积极性和责任感，并能创设和谐宽松氛围，关心教师心理健康，有效疏导教师的心理压力，关爱教师身体健康，形成一个对个体具有持久作用、能进行自我教育、自我约束的外部环境，使教师得到精神鞭策，积极主动投入工作，充分发挥广大教师在全面推进素质教育进程中的主力军作用。

2. 克服形式主义，将德育工作与教育教学紧密结合。

优质的道德教育，应融科学性与艺术性为一体，用富有生命力的活动来吸引学生的主动参与，在活动的过程中巧妙地融入多元的教育意图，这样的教育才会让学生获得心灵的震撼，久久不能忘怀。新一轮课程改革工作已全面铺开，学校一定要紧紧抓住这次机遇彻底改变重智育轻德育、重课堂教学轻社会实践的现象，将德育工作与课程改革工作紧密结合，不仅在思想品德课、思想政治课，还应该在所有学科充分挖掘德育资源，进行充分利用和整合，使爱国主义教育、革命传统教育、中华传统美德教育和民主法制教育有机统一于教材和课程之中，努力构建适应21世纪发展的中小学德育课程体系。具体到课程改革教学工作之中，可以将少先队体验教育与综合实践活动相结合，拓展学生参加社会实践的外延和内涵，可以将加强网上正面教育与培养学生信息搜集能力有机结合起来，为广大未成年人创造良好的网络文化氛围，可以将科学全面的评价制度与学生综合能力的提高相结合，以促进学生全面发展，可以将学生的世界观、人生观、价值观培养与课程改革制定的情感、态度、价值观的三维目标结合起来等。为

加强学生思想道德建设，增强创新精神和实践能力，我们要清醒地认识到，课程改革不仅要解决好教书的问题，更要解决好育人的问题。

3. 发扬求真务实作风，将德育工作落实到每个细微之处。

教育生活多是由许多看似不经意的小事构成的，而教育的作用以及科学的育人理念，就是通过这些小事显现出来的。真正以学生为本的教育，常常从小事入手，以平等、尊重的态度，促进学生健全人格和情感态度的培养。德育工作要坚决克服假大空的现象，依据不同年龄段学生的特点，加强教育和引导。在小学阶段重点是规范其基本言行，培养良好习惯，可以通过“讲真话，做实事”系列活动进行诚信教育，可以通过体验教育的深层拓展进行劳动观念和创新意识教育，可以通过“知心小屋”的建立进行心理健康教育，可以通过“民族精神代代传”活动培育民族自尊心、自豪感，可以通过“警营一日”、少年警校活动进行爱国主义教育，可以通过“手拉手”活动进行集体主义教育等。

加强和改进未成年人思想道德建设，是全党全社会的共同任务，更是我们教育工作者的神圣职责。未成年人思想道德建设的成功，会促进社会的进步与发展，从而实现思想道德教育的最终目的——培养道德人格，塑造道德文化，造就道德生活。让我们在平凡中追求和感悟教育的伟大，共同创造幸福的生活和美好的人间！

2007年10月

关于制定学校发展规划的几点思考

——自治区第六期骨干校长高级研修班结业论文

学校发展规划，在国外又称为SDP，英文全名School Development Planning，它首先是从英国开始的。二十世纪八十年代初，SDP项目在英国由一些学校和地方教育当局提出，其背景有二：一是这一项目采用“草根理论”探索学校管理问题，迎合了当时教育管理“权力下放”的趋势，有力地推动了校本管理局面的形成；二是由SDP项目本身的功能决定的，它能促进学校的发展和变化，促进学校效能的提高。二十世纪九十年代，英国教育部颁发了《学校发展规划实践指南》，呼吁全国中小学推广这一方法，从而使SDP项目在英国成为一个全国性的学校管理改革项目。随后，爱尔兰、澳大利亚、新西兰、丹麦、美国等国家也开始推广这一项目，使其产生了持续的国际性影响。联合国儿童基金会等国际组织也积极推荐“学校发展规划”这个项目，旨在通过校本管理、社区参与以及提高学校的自治能力，来提高各国中小学的综合办学水平和教育质量。学校发展规划制定的目的是科学定位学校发展目标，提炼和形成学校办学特色，建设和形成学校文化。学校发展规划已成为国际教育界的研究热点，成为中小学管理领域普遍为人们所采用的一种管理工具。学校发展规划在国际学校管理改革的背景下适应学校管理的现状和改革需要，开始走进我国中小学管理的实践。学校发展规划的推广和应用，将对提高我国中小学的办学水平和学校管理效能产生积极的影响。如何制定学校发展规划将越来越成为人们日益关注并亟待解决的一个问题。

一、全面准确了解相关政策依据

学校发展规划的制定不能无视我们的社会性质，不能脱离社会主义初级阶段的国情和当前的形势发展要求。国家的有关方针政策和法律规定了各级各类学校的性质和方向，它构成了规划的宏观环境，是制约规划目标的重要因素。地方政府及各级教育主管部门同时也制订教育改革和发展的指导思想、目标任务、战略重点和政策措施。这些都为各学校制订发展战略规划和校园建设规划提供了重要的基本依据。学校制订规划要在《意见》以及《规划》等重要文件指导下进行。在中央政府和地方高层政府的政策和行动计划（项目）中，会出现一些新的（有的可能是探讨中的）理念作为社会发展和政府教育工作的指导价值,比如“以人为本”“可持续发展”“有发展力的和谐社会”“建设学习型社会”等，这些理念具有很强的包容性，它们涉及社会生活的各个领域，对于教育的创新和发展也有持久的指导力。重要的是，政府也在期待着学校在这些观念的指导下做出引导性工作，它为学校与政府之间的契合提供了最富有弹性的空间。因此，必须认真学习规范化建设相关政策、文件，奠定规划制定的政策保证。

二、明确规范制定规划标准文本

学校发展规划是指学校根据国家或地区教育发展战略计划的要求，结合自身条件，对学校未来三至五年内要达到的主要目标和发展途径及学校发展目标、发展规模与速度、组织结构、人力资源、办学条件和实施策略等方面所作的安排。学校发展规划制定的基本框架包括：一是分析学校办学传统与现状，一般包括学校历史和办学传统，学校发展中的特色和优势，学校发展中存在的问题，学校目前面临的挑战，社区及教职工对学校的期望等方面的分析；二是明确学校发展的共同愿景，主要指办学目标和培养目标，包括各领域目标和年度目标，突出学校发展规划的重点；三是保障学校发展规划实施的保障系统，包括组织保障（学校的组织体制和运行机制方面的保障），队伍保障（师资队伍、科研队伍和管理队伍的保障），学校条件的保障（学校的硬件建设的保障），制度保障（管理制度、评价制度等方面的保障）。学校发展规划的实施与评价应注重学校规划目标实施的达成度，学校在实施规划中的创新与发展，学校在发展过程中对社会的影响和经验辐射情况，学校下一阶段可持续发展的新规划的制定。

三、总结提炼做好优良传统传承

制定规划可以对学校已有经验有一个全面的盘点，并从理论上和操作上进行提炼，并向其他实验学校推广，可以对学校发展方式进行更深层次上的思考，有助于建构新的发展理论，同时也可以发现实践中存在的问题并及时讨论应对方案，可以形成更多的物化成果，供学习借鉴，可以进一步明确学校优势、特色和品牌所在，不仅提升学校士气，也可为学校的进一步发展提供行动指南。

1. 注重科学有效的方法。做好材料的收集和自我总结,听取专家的有效指导,形成物化成果，验证经验的可靠性。

2. 运用主要的模式。通过自我总结，经验整合，课题研究，整体建构，理论提升,形成四个层次——教育事实（对现实和问题的描述与解释,核心概念（对事实内在意义的精确概括与提炼），命题与假设（以某种逻辑将概念联系起来），新的理论（基于事实判断、经验推测的一组假设）。

3. 增强自我创新的意识，坚持推陈出新、革故鼎新，让传统文化符合时代发展的需要，做到与时俱进。

4. 要面向世界、博采众长。要善于吸收和借鉴他国优秀文化，以我为主、为我所用。

四、与时俱进体现时代创新要求

规划是面向未来的，必须高瞻远瞩，超前一些，预见性强一些，要描绘展现校园建设蓝图，展望学校事业发展前景。

1. 把握国家宏观政策最新动向。一些宏观或中观政策不管是否涉及教育，许多学校都为长远发展做了背景铺垫或未来条件预设。这些政策显性或隐性地包含了对教育条件供给的可能或对教育的需求。比如，国家倡导的长期环境保护政策特别是最近这些年倡导的人与自然关系和谐发展的政策，为一些中小学发展园林式特色学校提供了启发和机遇。这里特别要注意分析和把握那些由国家的普遍性政策转化过来的教育专项政策——比如国家环保政策转化过来的发展“绿色学校”政策、由 WTO 中的教育服务贸易条款衍生出来的中国教育服务领域的开放政策、由西部开发政策延伸过来的支持农村教育的政策等，它们直接为学校发展提供平台。

2. 对于有利于学校获得发展条件的支持性政策要高度关注，因为条件不仅是实现战略的前提，甚至可能“反弹琵琶”，成为战略构想的发端。各个地方省级政府为促进本地教育发展，经常推出涉及教育资源的优惠政策，比如师资引进、贷款政策、学校用地供给等方面的政策。规划要从实际出发，但不是现实的拷贝，不能迁就现状，也不能摈弃现状，而是要在实事求是地分析评价现状的基础上提出发展目标，谋划发展思路，制定发展举措。

3. 准确捕捉教育最新动态。例如今天的课程改革，正是教育改革的总体趋势和动向，是十多年素质教育发展的新课题、新任务，是素质教育能否取得突破性进展、取得决定性胜利的核心和关键。如果学校发展不以课程改革为中心，十有八九要走弯路，甚至会误入歧途。分析与把握时代背景、教育改革趋势与学校发展的契合程度，能使我们的视野开阔，高屋建瓴，更全面、更清晰地审视自己的发展战略。

五、求真务实保障规划切实可行

规划方案要科学合理、便于操作，在可达到的条件下能够付诸实施，规划方案要成为行动方案，不能成为空中楼阁。要有相应的指标体系，既要有定性的指标，也要有定量的指标，要有最终的指标，也要有阶段性的指标。要有具体的、可以实施的对策与措施。制定学校发展规划的过程，是学校自我诊断、自我分析的过程，是发现问题、提炼问题、转化问题的过程，是学校自我计划、自我要求的过程。

三年发展规划将直接反映一所学校的办学理念和领导班子的办学能力。因此学校一定要提高对此项工作的重视程度。三年发展规划必须要具有可操作性和可检测性。具有可检测性的目的是提高自主监控能力，促进规划的落实。例如上海的建平中学，在总体思考的基础上，构建了“跨世纪工程”，提出“合格+特长=建平人”的办学指导思想，办合格加特色的学校，培养合格加特长的学生，学校提出并建立成阶梯状的近期、中期、远期目标体系，各种目标逐步递进、螺旋形上升。

在改革初期，学校领导向全体教师提出“致力团结奋斗，三年振兴建平”“魂系建平、心思改革”的要求，在教学改革的过程中，根据“外围向核心带近”的总策略思想，分别在创造第三课程——建设校园文化、改革第二课程——选修课和课外兴趣小组的系列化和正常化、改革第一课程按程度分层次教学等方面适时地提出阶段性的奋斗目标。当建平的办学模式得到社会认可时，提出“认清形势，抓住时机，把建平建成高层次、高素质、高品位、高水平的一流学校”的口号。这些对建平来说，也许行得通，但对于其他学校，尤其是非重点学校来说，就不一定行得通，这就需要实事求是，分析与把握目前学校内部各种因素之间的磨合度。

我们制订学校发展规划，虽是指向学校未来的，但却要牢牢地立足于现实基础之上。必须要对学校的人力、物力、生源、师资、领导班子、校舍环境、办学理念、办学成绩和问题等诸多因素及这些因素之间的磨合程度，进行认真地分析研究，审时度势，权衡利弊，不好高骛远，也不因循守旧，做到扬长避短，与时俱进。

2013年11月

主题园让校园文化“活”起来

——校园文化建设新举措

校园文化是社会文化现象在学校的表现和反映，是学校精神文化和物质文化的总称，是学校教育的组成部分，也是学校精神文明建设的重要内容。它以师生为主体，以课内外活动为载体，以校园为主要活动空间，以校园精神为主要特征，是时代精神在学校的反映，是学校办学理念在长期的教育、教学、管理过程中形成的集体意识。培育校园文化，就是在科学的世界观、价值观、人生观指导下，培育能被学校师生共同尊崇的社会文化。

一、主题园建设缘由

校园文化是一个不断建设、反思、提高的整体工程，是学校可持续发展的动力，是学校综合办学水平的重要体现，也是学校个性魅力与办学特色的体现，更是学校培养适应时代要求的高素质人才的内在需要。

库尔勒市第一小学坚持以“以人为本，促进全体学生全面发展，实现教师可持续发展”办学理念引领校园文化建设，在健全完善优化校园物质文化环境同时，开辟能展示主题教育活动的园地，将学生综合素养的培养融入校园主题园建设之中，以丰富的主题园地为平台，充分挖掘学校文化和课程建设等方面的深刻内涵，激活学生的内在需求，增强育人功效。

二、主题园意蕴丰富

在新课程改革的大背景下，教学中的情感因素和过程被提高到了一个新的层面，充满了人文关怀。情感不仅指学习的兴趣、热情和动机，更指内心的体验和心灵世界的丰富，在校园文化建设中必须具体问题具体分析，把握矛盾的特殊性，真正打造独具地方特色的校园文化，越是民族的，越是世界的，同样越是校本的，就越是有意义的。学校主题园中渗透着积极向上的社会文化和优秀健康的民族文化，可以让学生在学习和体验中认识社会、了解国情、把握人生，学习和传承中华民族的优秀文化和传统美德，从而提高学生的人文素养，形成科学的世界观、人生观和价值观。

学校依托现有教育资源和校园布局特点，在校园的不同区域开辟符合学生兴趣和主题鲜明的育人园地，极大地激发了学生探索实践的兴趣。同心园——家校同心共育人才；节气园——感悟节气传承国粹；风采园——课程拓展秀我风采；绽放园——人人尽展艺术特长；棋乐园——相互对弈益智激趣；种植园——分工合作体验耕种；E 时代园——信息时代沟通无限。健身园、校史园、墨香苑、书香苑、和谐园后续待建。

主题园不仅能丰富校园文化的内容和形式，促进学生全面发展，让同学们在实践中、创造中获得艺术的熏陶和美的体验，锻炼和舒展艺术才能，而且还可以在传统中挖掘新意，通过新事物来领悟传统文化，用融合的手段来为校园文化注入生机与活力，调剂精神，愉悦身心，保持学生乐观向上的人生态度，发挥“以乐育人”的作用。

三、主题园成效良好

校园文化作为社会文化的组成部分，一开始就发挥着一般文化的共同职能，集中体现在它能优化育人环境，培养造就全面发展的新人。学校主题园分布校园各处，学生从走入学校开始可随时随地选择自己喜欢的主题园地尽情体验。同心园位于学校大门周边绿化带，遍布党的教育惠民政策、家教名言警句、学校动态活动等内容，家长和学生路过同心园可以感受党对教育的关心重视和家校科学育人理念；节气园利用学校大门通道有利位置，地面大理石用白描的绘画技法、庄重的隶书字体、精当的语言文字，展现出中国农耕文明的瑰宝，让孩子们在上下学途中匆匆一瞥，玩耍嬉戏时驻足欣赏，不经意间逐字阅读，在知识的原野上陶冶漫步，在艺术的殿堂里浸润濡染，留下难忘的童年记忆；风采园位于学校操场中心绿化带之中，定期展示各年级各学科学生课程拓展作品，每个人穿行风采园都能欣赏到自己和同伴的学习成果，不断提升自信心；绽放园巧妙搭建在教学楼左侧，每天下午上课前由各班级轮流负责演出，学生自由观看，既展示个人艺术特长，又给校园增添无尽欢乐；棋乐园位于逸夫楼前，坐台、地面、棋架遍布五种棋盘，学生课间随意三两成群，相互对弈益智激趣；种植园位于逸夫楼后绿地，学校总务处开辟分隔，师生自由申请认领种植，从春耕种到秋收获，体验劳动快乐；E 时代园在一楼大厅交互式大屏展示学校主楼五楼在线图书阅读、逸夫楼一楼学术报告厅、逸夫楼三楼小孔雀电视台、逸夫楼三楼及四楼五个信息机房、逸夫楼四楼信息第二课堂动手实践教室、逸夫楼四楼信息技术培训教室、逸夫楼四楼数据主控机房、逸夫楼五楼课堂直播教室及教师手机信息，由学生电教骨干每天按时开启电子屏幕，及时反映校园思想动态，跟踪校园热点、焦点，弘扬正气，宣传优秀人物及其先进事迹，指导师生学习生活，引导学生正确的思想发展，为师生校园生活营造良好的舆论氛围。遍布校园的主题园正发挥着积极作用，陶冶学生的情操，美化学生的心灵，净化学生的思想。

四、主题园特点鲜明

主题园的基本原则是“启迪思想，主题鲜明，自主管理，全程开放”。主题园主要由学生自主管理自主使用，形式内容立足学生实际，自从开放以来深受学生喜爱，教育成效显著。

第一，主题园文化中发散着积极向上的社会文化和优秀健康的民族文化，可以让学生在学习和体验中认识社会、了解国情、把握人生，学习和传承中华民族的优秀文化和传统美德，从而提高学生的人文素养，德育教育触手可及。第二，主题园建设通过一定的物质环境和精神氛围，使生活在其中的每一个个体有意无意在思想观念、心理素质、行为方式和价值取向等诸方面与既定的文化发生认同，从而实现对人的精神、心灵、性格的塑造，爱国主义和民族精神教育自然融入其中。第三，主题园建设提供释放个性平台，每个作为个体的学生都得到尊重、信任和激励，校园中充满了人文智慧和人文关怀，校园成了每个个体生活的乐园，发展的沃土，丰富了学生的精神世界，开阔了学生的知识领域，对青少年学生的身心健康成长具有促进、导向、约束、规范和教育的作用，对于学校师生形成正确的思想观念、道德品质、心理人格、生活方式、行为习惯和提高知识技能等方面具有重要的引导作用。

打造特色校园文化，构建和谐育人环境，这既是创建社会主义和谐社会的要求，更是学校自身发展、提高办学水平的必然选择。新的时代，对学校教育提出了新的要求。只要全体师生和全社会共同努力，坚持加强校园文化建设，让校园文化不断增强育人功效，从而提高学生思想道德素质，达到实现培养高素质的社会主义现代化建设者和接班人的目标。

2015年10月

关于阅读校本课程的改进策略研究
——全国优秀小学校长第八期高级研修班结业论文

“鸟欲高飞先振翅，人求上进先读书”。阅读对小学生人文素养的影响是一个逐渐渗入、逐步提高的过程，从学生入学开始到毕业，都将在这个活动中感悟和提高，我们必须要提升小学生阅读修养，让小学生养成读书的好习惯，从书中汲取养料，树立正确的价值观、人生观，从中提高道德修养和自身价值。国家《语文课程标准》明确规定：中小学学生“九年课外阅读总量应在 400 万字以上”。显然，要实现中小学生总阅读量的需求，就必须努力建设开放而有活力的语文课程，开发利用好课程资源，让学生将课外阅读作为课堂语文学习的补充和延伸，不断激发学生浓厚的学习兴趣和探求知识的强烈欲望，丰富知识，开阔视野，为完成或突破阅读目标创造条件，我们更应该要把读书作为一种享受，善于读书，热爱读书。学校自 2004 年 10 月起，在全校开设每天十五分钟阅读课，全校教师学生在同一时刻共同阅读课外书，十余年间通过全体教师探索实践改进，从学生自由选择到教师个体指导到学校分年级分类别指导与选择相结合，学生读书量大增，知识面明显增强，阅读课程在得到学生、家长、任课教师及中学教师充分肯定的同时，也存在许多问题亟待解决，这就需要对学校阅读校本课程的改进策略进行研究。

一、研究课题的提出及成因分析

1. 基于时代的迫切需要。随着新一轮基础教育课程改革的展开和国家、地方、学校三级课程管理政策的贯彻，我国中小学面临着正式开发校本课程的任务，校本课程的建设作为这次改革的重点之一而备受关注，可以说没有校本课程的开发和实施，课程改革的目标也就难以全面实现，要实现中小学生总阅读量的需求，就必须努力建设开放而有活力的语文课程，开发利用好课程资源，让学生将课内阅读与课外阅读有机结合，不断激发学生浓厚的学习兴趣和探求知识的欲望，提高学生的阅读能力。

2. 基于学生发展的需求。阅读教学是小学语文教学的中心环节，培养阅读能力是小学语文教学的重要组成部分，是提高小学语文教学质量的关键。阅读能力的强弱，与学生获取知识，提高学习兴趣，增长见识以及培养自学能力等方面都有密切联系。小学生阅读能力提高了，不但能够加强小学生在阅读中的情感体验，而且可以让学生积累丰富的语文知识，形成良好的语感，能让小学生去理解、鉴赏文学作品，从而受到高尚情操与趣味的熏陶，同时也能发展他们的个性，丰富他们的精神世界。教育家们发现，儿童的阅读能力与未来的学习成就有密切的关联，学生阅读经验越丰富、阅读能力越高，越有利于各方面的学习，而且越早越有利。

3. 基于学校校本课程现状。自 2004 年学校开展第一届“读书节”阅读活动以来，已经经历了 12 届，学校阅读课程的发展分为三个阶段。

第一阶段：2004–2008 年。学校阅读活动处于开放式自由阅读阶段，就是学校专门规定每天 15 分钟的固定阅读时间，由任课老师监督完成，而学生阅读的篇目及内容没有具体限定，旨在培养学生养成自觉阅读、独立阅读的习惯，普及学生的阅读意识，让学生爱上阅读。当时学生在校人数 3015 人，每人每天阅读量平均在 600 字，全校学生每天阅读总量 180.9 万字，每年 43416 万字，每人在校年平均阅读量则为 14.4 万。学校每年元旦前以年级为单位组织读书节诵读大赛，展示班级读书成果。

第二阶段：2009—2014 年。阅读活动处于推荐式阅读阶段。学校德育处根据不同年级学生阅读特点，进行阅读书目的推荐，平均每个学期有 10 本以上的推荐量，学生可以根据推荐书目进行选择阅读和图书交流活动，旨在培养学生多读书、读好书的习惯，让学生有选择性地读书，及时屏蔽低俗的“口袋书”及低级趣味的漫画书。学校专门规定每天 15 分钟的固定阅读时间，由任课老师监督完成。当时学生在校人数 4089 人，每人每天阅读量平均在 700 字，全校学生每天阅读总量 286.23 万字，每年 68695.2 万字，每人在校年平均阅读量则为 16.8 万。每年元旦前的诵读大赛质量不断提高。

第三阶段：2015 至今。学生在已经养成良好阅读习惯的基础上，开展规定阅读范围式阅读，要求每周一周二阅读“国学经典诵读”工作室制定每个年级必读必背的篇目，周三周四阅读语文课本配套教材《诵读》，周五进行学生推荐阅读，由任课老师监督完成。国学经典诵读内容由学校“国学经典诵读”工作室根据学生不同学段，不同年龄特点定制不同的阅读内容：一年级以《三字经》

为主，二年级以《弟子规》为主，三年级以《朱子家训》为主，四年级以《千字文》为主，五年级以《道德经》为主，六年级以《论语》《大学》为主，同时在不同年级还配有古诗词的诵读，形成了系统的校本教程。每周两天国学经典诵读的内容提升了学生整体的阅读水平，另外每周两天自读教材“诵读”的阅读拓宽了学生的阅读面，二者相辅相成、相得益彰，让学生把“爱上阅读”落到了实处。此时，学生在校人数 3391 人，每人每天阅读量平均在 700 字，背诵 100 字，全校学生每天阅读总量 237.37 万字，背诵 33.91 万字。每年阅读 56968.8 万字，背诵 8138.4 万字，每人在校年平均阅读量则为 16.8 万，背诵量 2.4 万字。在每年的读书节汇报展示时，以必背篇目为主，庆元旦前读书节诵读大赛质量不断提高。

4. 研究问题的提出。在阅读校本课程不断推进中，全体教师和学生的阅读兴趣日趋浓厚，阅读量不断增加，阅读范围逐渐扩大，阅读需求开始多样化，同时存在的问题也日趋显现，校本课程先天不足，无课程标准，无专业教材，无规范评价，课时短，师资杂，师生家长阅读认识有差异，教师阅读课程研究意识不强，课内课外阅读衔接不紧密，学生阅读能力培养无有效方法。因此，学校阅读校本课程基本凭着一腔热血粗放型推进。基于以上原因，学校提出了“关于我校阅读校本课程的改进策略研究”这一研究课题。

二、文献综述

1. 提升小学生阅读修养的理论依据。教育部在 2001 年所颁布的《全日制义务教育语文课程标准（实验稿）》【1】中指出：“阅读是搜集处理信息，认识世界，发展思维，获得审美体验的重要途径。”这段话已充分说明了阅读教学在学习语文中的重要地位，是小学语文新课程目标的要求。小学语文新课标总目标指出：“在语文学习过程中，培养爱国主义感情、社会主义道德品质，逐步形成积极的人生态度和正确的价值观，提高文化品位和审美情趣。具有独立阅读的能力，注重情感体验，有较丰富的积累，形成良好的语感。学会运用多种阅读方法。能初步理解、鉴赏文学作品，受到高尚情操与趣味的熏陶，发展个性，丰富自己的精神世界。能借助工具书阅读浅易文言文。九年课外阅读总量应在 400 万字以上。”这充分说明提升小学生的阅读修养是何等重要。阅读能在超越世俗生活的层面上，建立起精神生活的世界。

一个人的阅读史也是他的心灵发育史。高尔基说：“书籍鼓舞了我的智慧和心灵，它帮助我从腐烂的泥潭中脱身出来，如果没有它们，我就会溺死在那里面，会被愚笨和鄙陋的东西呛住。”所以，书是逆境中的慰藉，当你遭受挫折，意志消沉或心情烦闷时，你可以去找一些书籍来看，一解心中的烦闷。比如罗曼.罗兰的《名人传》，奥斯特洛夫斯基的《钢铁是怎样炼成的》等等，学学他们是如何面对挫折的，在自己思想的王国里与他们对话，激励自己的斗志，从而使自己勇敢地面对困难，乐观地看待一切。在你感到孤单的时候，为什么不去与书为伴呢？书，是我们永远的朋友。在看书的时候，我们可以细细品味作者的思想感情，与自己的思想结合起来，自由自在地翱翔，无拘无束地畅游。

2. 提升小学生阅读修养的意义。在小学生成长过程中，阅读书籍，是不可或缺的教育与自我教育、认识与自我认识的基本途径。强调阅读，就是强调小学生作为人的独立与完善。阅读可以丰富学生的生活，开拓学生视野，陶冶学生情操，培养学生阅读习惯，提高学生写作能力。特别是小学生，一定要养成阅读的好习惯，不断积累知识，才能提升小学生的阅读修养。现代社会要求公民具备良好的人文素养、科学素养以及多方面的基本能力。作为工具性与人文性统一的语文课程，更应借助课外阅读的开展和指导，培养学生多方面的能力，提高学生的品德修养和审美情趣，积淀学生人文底蕴，逐步养成良好的个性和健全的人格，促进人的和谐发展。苏霍姆林斯基有关阅读的论述中谈到，学生到了中年级和高年级能不能顺利地学习，首先就取决于他会不会有效地阅读，在阅读的同时能否思考，在思考的同时能否阅读。因此，学生的智力发展取决于良好的阅读能力。他还提出了阅读跟学习紧密联系的主张，认为阅读给学习创造“智力背景”，课外阅读“既是思考的大船借以航行的帆，也是鼓帆前进的风。”著名学者朱永新先生说：“阅读，让贫乏和平庸远离我们！阅读，让博学和睿智拯救我们！阅读，让历史和时间记住我们！阅读，让吾国之精魂永世传承！”的确，读书足以怡情，足以博彩。阅读，是与我们相伴一生的精神家园；书籍，是人类宝贵的精神财富。阅读能力，对一个学生来说，是一种十分重要的能力，同时也是学生应该具备的一个重要素质。心理学家认为小学生的心灵发展是一个由量变向质变的发展过程，而大量阅读、语言的积累则是促进质变的有效渠道。再者，根据人的发展关键期论点，十三岁以前，也就是小学阶段，是人的机械记忆的黄金时期。因此，我们在教学工作中，应遵循儿童心理发展规律，让学生多读多记，扩大学生的课外阅读量，丰富词汇量，为学生的终身发展做准备。

3. 学习迁移说。学习迁移说是一条古老的心理学定律，即平常所说的举一反三，触类旁通。加强对课外阅读的指导，开展各种课外阅读活动，创造展示与交流的机会，营造人人爱读书的良好氛围。通过优秀文化的熏陶感染，促进学生和谐发展，使他们提高思想道德修养和审美情趣，逐步形成良好的个性和健全的人格，将课内阅读学到的基本方法运用到大量的课外阅读中去，使学生“得法于课内，受益于课外”是课题开展的又一理论依据。

4. 最优化教学理论。这是巴班斯基的最优化教学理论，这一理论本质上是关于教学资源与教学产出关系的理论，他所研究的是如何追求教学的最高效率和效益，在质和量两方面追求教学的最佳效果。

5. 教学认识论。语文教学过程是一个特殊的认识过程和能动的反映过程。认识起因于主客体方面的相互作用。学习过程的主体是学生，现代教学论的根本任务是促进学生生动、活泼、主动地发展。在阅读过程中，不仅能使学生从多种渠道获得知识，而且能不断提高学生的自觉能动性、独立自主性和开拓创造性。

三、研究的目标和任务

1. 课题的界定。阅读教学的宗旨是培养学生综合性的语文素养，也就是培养学生语文诸多方面的能力和素养，是将书面材料中提供的信息与读者头脑中已有的知识相整合的过程。阅读能力是综合性很强的能力，认清阅读能力的结构，对于认识阅读教学的目的、途径、方法都有极其重要的指导意义。从阅读过程来看，构成阅读能力的要素应当是认读能力、理解能力、鉴赏能力、评价能力和运用能力，它们之间相互联系、互为补充，认读能力是理解能力的出发点和前提条件，只有认读能力得到锻炼和提高，才能促进理解能力的协调发展，与此同时，只有理解、鉴赏透彻全面深入，评价才能深刻、犀利，有针对性。

2. 研究目标

（1）构建学校阅读课程体系，进行阅读校本课程指导策略的研究，制定有关年级阅读目标，完成阅读校本教程，为阅读校本课程的理论研究提供参考和借鉴。

（2）探索总结基于学生教师家长阅读心理的阅读技术实务，为一线教师的阅读课程指导提供切实可行的技术参考。

（3）创建良好的读书氛围，完善读书节活动，尊重学生的个性差异，展示学生的个性阅读风采，培养良好的读书习惯、道德情操和审美情趣。

（4）撰写有推广价值的课题报告、经验总结和论文。

3. 研究任务

（1）通过本课题的研究，让每位教师在教学中不断地实践、探究、反思，并在此过程中不断提高自身的阅读教学水平和科研能力，同时使本校阅读课程改革取得更大进展。

（2）通过阅读课程的引导，培养学生广泛阅读的兴趣，感受阅读的乐趣，扩大阅读面，增加阅读量，养成自觉阅读的良好习惯，真正提高学生的阅读分析能力，让学生的阅读水平整体提高。

（3）建立班级阅读库的尝试研究。引导学生在阅读中积累自己喜欢的成语和格言警句，受到高尚情操与趣味的熏陶，发展个性，丰富自己的精神世界。

（4）系统地整理资料，撰写报告，展示课题研究的成果。

四、课题研究的基本原则和方法

（一）课题研究的基本原则

1. 开放性原则：阅读校本教材内容可以来源于学生的课本、自读课本和课外书等，给学生一定的选择空间，使学生能够比较开放地进行阅读。

2. 灵活性原则：全校活动、级部活动和班级活动相结合，给实验教师更多的空间，便于发挥教师的积极性。

3. 激励性原则：重视学生在亲身参与阅读各项活动中而获得的感悟和体验，重视让全校每一个学生的全员参与。这样的评价，有利于调动起全校师生学语文的兴趣。

4. 科学性原则：在制定阅读评价试题、设定评价标准的过程中，要遵循校本课程和阅读教学的内部规律，还要符合学生的年龄特点，因此科学性在本实验中显得尤其重要。

（二）课题研究的基本方法

我们以行动研究法为主要研究方法。要求参与研究的教师以实际问题的解决为主要任务，积极参与教学实践，力求在真实的特定教学环境中进行研究，保持研究的真实性，注意认真观察、总结、反思、再总结，以不断改进研究方法，取得研究成效。

1. 调查法：适时调查小学生的阅读量及积累量，了解学生的阅读时间、阅读兴趣、阅读个性，喜欢背诵积累的内容，调整阅读和背诵的范围。

2. 行动研究法：在课题实施过程中围绕课题研究目标，开展多层次、多渠道、全方位的研究，边实践、边总结，不断摸索出经验和规律的东西。

3. 问卷法：对教师学生家长的阅读能力采取问卷统计分析的方法进行，对其阅读潜能进行测评。

4. 经验总结法：在课题研究的过程中，认真做好各类资料的收集、整理和实施情况的纪录。

五、学校阅读课程目前存在的问题研究

（一）基于学校阅读课程的问卷调查梳理：

在新课程改革浪潮的推动下，学校虽积极地开展阅读课程教学活动，加强了对阅读校本课程的探索和研究，冷静思考，还存在以下几点主要问题：

1. 调查情况说明：全校教师共计 154 人，参与问卷 71 人，女老师占到 94.4%，教师中 20 年以上教龄占 50%；16–20 年占 28%；6–10 年占 17%；说明学校老教师所占的比例比较大。

2. 调查结果分析：

（1）阅读校本课程建设不规范，无课程标准，无专业教材，无规范评价，课时短，师资杂，师生家长阅读认识有差异，教师阅读课程研究意识不强，课内课外阅读衔接不紧密，学生阅读能力培养无有效方法。

（2）现有阅读校本课程阅读内容比较繁多，学生全文背诵有困难，《道德经》和《论语》《大学》内容比较深奥，学生理解程度达不到，推荐的诗词有限，难免有重复现象。

（3）教师阅读水平参差不齐，责任心有差异。为便于课程安排和教学管理，每天下午十五分钟阅读课程是和第一节课连在一起，由第一节课任教师组织监督，这样就出现全校教师都随机承担阅读课程教学任务。学生往往不懂得如何去选择图书，也不懂得如何去读精、读透一本书，遇到班主任语文教师指导相对专业，而部分学科教师缺乏阅读指导能力，部分学科教师缺乏阅读课程工作责任心，许多家长也没有这个意识，对学生的课外阅读往往采取顺其自然的态度，只要看到学生捧着书，怎么去读，是不是读出效果来则往往不被他们所关心。学生不掌握正确的阅读方法，往往是囫囵吞枣，收效甚微。

3. 针对调查结果的建议

（1）加强教师阅读课程研究意识，探索学生阅读能力培养有效方法，推进课内课外阅读紧密衔接。

（2）加强国学内容选择指导。全文比较长的如《三字经》《弟子规》，可让学生适度背诵，不必强求全篇必背，可以诵读为主，《道德经》和《论语》《大学》内容比较深奥，学生理解程度达不到，不要强调理解，主要以培养诵读经典的兴趣为主。诗词积累应有难易梯度，比较难的，可适当重复积累。要加强对“国学经典诵读”校本教程的修订。

（3）通过阅读校本课程研究，让每位教师在教学中不断地实践、探究、反思，并在此过程中不断提高自身的阅读教学水平和科研能力，同时使本校阅读课程改革取得更大进展。

（二）基于教师、学生、家长阅读现状的问卷调查梳理

学校课题组此次问卷主要对教师、学生、家长三类人群进行问卷调查，参与面比较全，可以说问卷是很有效的。

1. 教师方面：从问卷情况来看，教师们平时注重读书，范围广泛，内容健康，读书是教师们业余生活中不可缺的一部分，这不仅提高了老师的个人文化修养，还对提升教师的业务水平有很大帮助。

调查说明：参与问卷调查的教师共计 71 人

调查结果统计：

（1）有 83% 的老师喜欢阅读，有 17% 的老师对读书感觉一般。（2）每天阅读的时间：62% 的人不固定，隔几天就看书，28% 的人每天阅读至少一小时，10% 的人每天阅读半个小时。（3）有 67% 的人认为读书对教学有帮助，有 33% 的人表示读书对教学帮助很大。（4）不读书的原因：83% 的人觉得读书有必要，只是平时教务繁多没有时间读书，17% 的人认为家庭琐事比较多。（5）平常在教学中遇到棘手的问题时 67% 的人会求助有经验的教师，33% 的人上网或翻阅各类书籍寻求答案。（6）平时读的书中 72% 关于教育教学专著，28% 的人喜欢看各类报纸和杂志及休闲养生类书籍。（7）读书方式：50% 的人通过电脑或手机上网阅读，50% 的人会在学校图书馆借阅或自己到书店购买。（8）读书的种类繁多，文学类最多，其次是报纸杂志类，然后个别还有侦探、科幻类。

调查结果分析：

从调查数据看出喜欢读书的女老师占绝对比例。现在办公环境比较拥挤，整天嘈杂不断。不能保证读书还是占大多数。每天读书时间不定，大部分原因是女老师承担的家务也比较多，没有固定的时间阅读。喜欢各类杂志和休闲娱乐书的人数居多，也看出老师们的兴趣广泛。在平常教学中遇到棘手问题大部分人会求助有经验的教师，另有一部分会选择在书籍中找答案，从中可以看出大家会用多种形式去解决教育教学中的问题。

针对调查结果的建议：

（1）学校的图书室由于书目更新不及时，未达到教师们的需求，所以到图书室借阅的人数在减少，希望学校图书室能及时更新书目，以满足教师们的需求。考虑到教师们安静工作、读书的需求，希望能开辟比较僻静的教师阅读场所。

（2）由于工作的确较忙碌烦琐，教师也无暇进行读书交流活动。

（3）举办老师的读书推介会。类似于学校易信群的群体，老师们看到好的书，可以在群里推荐给大家，资源共享。

（4）在教师节表彰时，应对教师进行“赠好书”活动，在组内轮流借阅，提高共同阅读的兴趣。

2. 学生方面

调查结果分析：

本次调查共发放问卷 1336 份，回收 1336 份，对收上来的学生问卷进行了整理、归纳，现将有关调查结果情况分析归纳如下：

（1）课外读物的来源比较单一，学校的引领作用小。在第 2 题“你的课外读物来自哪儿”的调查中，自己购买的占 77%，向同学借阅占 20%，网络阅读没有，图书馆借阅只占 3%，说明学生的课外读物的来源比较单一，家长没时间带孩子去图书馆看书借阅。在第 3 题“你的课外读物大多是……”的调查中，自己选择的占 31%，学校推荐的占 13.5%，家长选择的占 7.5%，与家长一起选择的占 48%。可见学校的引领作用小，引导学生课外阅读还不够，没有做到课内外结合。

（2）学生所选读物类别单一。读一本好书，就如同与一位心灵高尚的人交谈。因此，要找到适合学生读的课外书籍尤为重要。然而调查结果却不容乐观。在第 4 题“你看的最多的是哪类课外书？”的调查中，喜欢读故事的占 63%，科普类占 18%，喜欢卡通、漫画类的占 14%，课业辅导类占 5%。说明学生在选择图书上单一，还需要家长、老师和社会的引导。

（3）学生用于课外阅读的时间还不够。在第 5 题“你每天用多少时间读课外书”的调查中，每天用于课外阅读的时间在 10–20 分钟的学生占 19%；每天用 30 分钟进行课外阅读的学生占了 71%；每天用 1 小时的时间进行课外阅读的学生有 10%。没有足够的时间进行课外阅读，说明小学生的阅读习惯还没有很好形成。

（4）缺少良好的课外阅读氛围和监督指导。在第 8 题“有谁和你一起读书”，家人占 21.7%，同学或朋友占 7.3%，自己读占 71%。如今，已经进入电子信息化时代，家长由于工作压力大，很少有人在家阅读，家庭没有给孩子营造读书的氛围，个别家长对课外阅读的认识也较为浮浅，学生的课外阅读得不到家庭成员有力的监督和指导。

改进建议：

（1）点燃兴趣火花，激发阅读欲望。我们应重视激发学生的阅读兴趣，使课外阅读的内容安排、组织形式等尽可能地满足学生的心理、生理特征，使学生乐读、爱读，使阅读成为学生生活中的一种乐趣。如故事激趣法。小学生非常爱看电视，听故事。可利用早读、语文活动课让学生听故事录音，还可以让学生上台讲故事，告诉学生，这些故事书里都有，只要自己去看书，书中的故事无穷无尽，学生会开始自觉地阅读一本本课外读物，并产生浓厚的兴趣。根据学生的兴趣，在学生生活空间内尽可能地提供有较大选择余地的阅读材料，并把这些阅读材料放到学生容易看到的地方，便于学生随时阅读。例如让每个同学上学时都要带一本自己喜欢的课外书，课间还要把书放在课桌上，当学生看到这些书的时候，注意力会很自然地被吸引过来，从而在不知不觉中进入阅读状态。

（2）教师推荐书目要精心，积极引导课外阅读。重视课外阅读书籍类别的选择，精读那些积极向上、促进志向、励志成才、增长知识的书籍，重视阅读学习品格的培养，培养学生自主创新，努力上进精神，摒弃那些低级庸俗的书籍。如学习了课文《陶罐和铁罐》，老师可告诉学生这篇课文是根据《伊索寓言》中的一个故事改编的，里面还有很多精彩、有趣的故事，学习了《丑小鸭》，我们便可向学生推荐《安徒生童话选》……这样课内外结合，增长了学生的见识，培养了学生的能力，使学生对读书乐在其中。

（3）建立图书角，便于借阅书籍。要求每一个学生至少贡献出 2 本自己喜爱的图书，并给每本图书编号，打印好目录，放在图书架上，制定借阅制度，自己制作图书借阅证，每周评选出借阅图书最多的小读者，当然图书的内容教师好好把关，既要健康文学性又要强。此外我们还可以鼓励他们到学校图书馆借书来读。

（4）开展校园阅读创建活动，提高学生阅读兴趣和阅读能力。充分利用午读时间，让学生尽情读书，课外阅读有助于学生开阔视野，提高表达能力，促进学生思维、心理品质的成长。作为一名教师，我们应该积极拓展渠道，为学生的课外阅读保驾护航，让书香滋润每个学生的心田，让每个学生都成为爱读书的好少年。

（5）促进家庭、学校、社会三结合。要争取家长配合，在家引导、督促、营造阅读氛围，为学生营造良好的课外阅读环境，克服困难，使学生学会阅读，培养学生的阅读兴趣，养成良好的课外阅读习惯，使学生从各种课外书中获取丰富的知识，开阔视野，陶冶性情。

3. 家长方面：

从问卷情况来看，家长们平时非常注重读书，89.3% 的家长都有读书看报的习惯，读书的范围很广、种类多，并且认为读书能给自己带来很大的帮助，从问卷中还可以看出，现在虽然读书的方式很多，但家长还是热衷于纸质图书，大约 70% 家长都是购买书籍，能接受的价格在 20~30 元之间，由于各方面原因，去图书馆读书的家长占少数。

调查说明：

各年级抽取四个班，共计 1172 人。

（1）调查对象年龄在 26~35 岁之间，占到了总数的 9.3%，36~45 岁占到了 90.7%。

（2）调查对象女性占到了 74.9%，男性占 25.1%。

（3）职业一项中单位职员占 64.5%，个体占 16.7%，家庭主妇或主夫占 13.3%，其他占 5.5%。

（4）喜欢读书的占 60.4%，一般的 36%，不喜欢的占 3.6%。

（5）每天读书时间 10 分钟占 3.5%，一小时占 37.8%，视情况而定的占 58.7%。

（6）喜欢工具书类的占 8.7%，传记文学类占 27%，军事经济类占 16.3%，生活类或杂志类占 48%，其他类占 7%。

（7）通过购买读书的占 19.8%，借阅占 16%，电脑、手机网上在线阅读的占 44.2%，有声读物占 9%，其他占 11%。

（8）每月读一本以下占 9.3%，读 2~5 本占 14.4%，读 5 本以上占 16.3%，每月读的书数量不同的占 59%。

（9）读书环境一项中喜欢图书馆的占 11%，家中占 35.5%，办公室 39%，等车等人占 15.5%。

（10）经常和孩子交流阅读体会的占 43%，有时会占 37%，很少占 15.8%，不会占 4.2%。

调查结果分析：

从调查表中看出调查对象女性比男性多，且年龄多数是36~45岁，职业是各行各业都有。根据这10个问题的数据说明家长普遍是喜爱课外阅读的，对于自己感兴趣的会有所选择地读。读书地点和方式也是多样性的，通过调查可以看到家长比较重视学生的课外阅读，每天读书时间视情况而定的居多，每月读多少本书不确定的占多数，喜欢生活或杂志报纸的人数居多，读书渠道中利用电脑、手机网上在线阅读的占多数，但有时太忙或者环境不好，偶尔会和自己孩子交流课外阅读的家长占多数，建议家长多和孩子一起读书，共同进步。

针对调查结果的建议：

孩子的进步与成长是我们共同的期望，为了更好提高孩子的阅读能力，家长可以这样做：

（1）每天尽量抽出15~20分钟的读书时间进行阅读，给孩子树立良好的榜样，培养孩子的阅读习惯。

（2）抽空看看孩子正在看的书，并和孩子聊聊书中的人物和故事情节，在读书方面形成共同的话题。

（3）多带孩子去图书馆看书，并给孩子推荐对他有益的书籍。

（4）“亲子读书日”倡导每周进行一次亲子读书活动，利用阅读推荐课向学生推荐优秀书籍，开展家长孩子共读一本书活动，利用周末关闭电视一小时，和孩子一起读书，既有利于孩子认识汉字，还可以提高孩子的语言表达能力，共享阅读的快乐。

（5）利用家长会举实例讲解读好书的好处，请经常读书的家长交流读书心得、读书方法、读书篇目，来影响其他家长调动家长读书的积极性，在家中潜移默化影响自己的孩子，创造良好的读书氛围，从而激发孩子的读书兴趣。还可以利用网络举行家长读书推荐会，把自己看到的好书推荐给其他家长。

（6）每个学期评选“亲子共读之星”。开学初把评选条件向家长公布，学期末把评选结果在全班公布，以此来激励更多的家庭积极阅读。

六、关于阅读课程改进策略

（一）研究的组织与保障

1. 组建阅读课程研究工作机制。

2. 阅读课程研究的组织与推进。校内阅读研究以校本培训为载体，年级组教研活动为基本因子，以定期不定期的专题活动推进理论研修和实践研讨活动。

第一抓实常规阅读研讨活动。以学校名师工作室为单位，在备课和教研活动中把阅读课的设计、指导、评价等环节作为重要的集体研讨活动，在此基础上每个教师根据自己的情况进行个性化处理，在教学实践中积累并撰写阅读案例。第二抓典型的专题研究。其方法与途径是论坛、讲座、学术沙龙、课题研究活动，主要内容是阅读的功能、阅读设计与运用的理论、影响阅读成效的因素、以学生为中心的阅读体系的特征等。活动过程是素材呈现——问题讨论——观点提升——行为跟进——延伸任务。

（二）以学生为中心的阅读技术研究

1. 阅读内容选择的技术研究

一是现有配套内容取舍与改编，二是原创内容选择。

2. 阅读设计技术的研究

（1）现行阅读设计的主要问题调查

（2）基于学生学习心理机制的阅读要素分析

3. 阅读布置技术研究

4. 阅读指导技术的研究

5. 阅读评价反馈研究

（三）确定阅读内容，指导阅读方法

1. 确定阅读内容。好的书籍是人类进步的阶梯，是人类生活的精神食粮，只有读书才能睿智和陶冶心灵。因此，教师除了教好功课以外，引导学生选择适当的阅读内容，对小学生今后的学习发展和进步起着重要的促进作用。在实践中，我们从以下几个方面着手：

（1）充分挖掘课文的拓展点，以一篇带数篇。以每个单元的主题为切入点，以此探索课内外阅读衔接的结合点和基本方法，激发学生阅读的欲望，构建课内外阅读相互沟通、相辅相成的阅读体系，这是非常有效的。

（2）着眼本土文化，推荐课外读本。

（3）根据学生年龄特点，推荐相应的经典读物。学生年龄不同，对读物的需求也不同。对低年级我们推荐以经典的绘本为主，中高年级我们主要推荐中外名人名著以及当代优秀文学作品。每学期伊始，学校以“告家长书”的形式要求家长根据学生年龄特点和阅读能力为其购买课外书籍，同时在“告家长书”上附上各年级学生课外阅读适度范围和推荐书目，以便家长参考。

2. 阅读方法的指导

（1）教学生“读”的方法

浏览性的泛读。对许多浅显易懂的书或报纸可采用浏览法，了解其主要内容，捕捉其中的知识要点或有价值的信息。

探求性的速读。这是学生根据一定的目的快速翻阅阅读材料，选取自己所需信息的读书方法，指向性非常明确，或是为解决一个问题，或是为了解某方面的知识。

品味性的精读。学生在课外阅读时，要有重点地选择一些与学习密切相关或自己最感兴趣的章节进行精读，品味文章中的好词好句，体会文章的深远内涵，揣摩文章的谋篇布局。

（2）教学生“记”的方法

笔记能使人精确。在课外阅读的指导中，要教给学生记的不同方法，使学生养成不动笔墨不读书的习惯。

随感式笔记。这些笔记在学生阅读时随时进行，在文章紧要处、感触最深处圈点勾画，在书的空白处写上批注，还可在自己不懂的地方打上一个小问号，或写下自己的疑问，然后请教父母或老师，真正做到“眼到、手到、心到”，读有所得。

摘录式笔记。这类笔记是重在把阅读时发现的好词佳句以及精彩的段落摘录下来，并对此进行归类，使之成为独具自我特色的“工具书”。

创作性笔记。即在阅读的基础上，对原文进行再创造，如:续写、扩写、改写、写读后感等。

以上操作，通过课内外的贯通融合，“读”“记”方法指导并重，有效地激发学生的阅读兴趣，帮助学生形成阅读动机，掌握一般的阅读方法，培养良好的阅读习惯和阅读能力，构建学生课外阅读能力的自主化、自动化，为促进学生的终身学习奠定基础。

3. 丰富读书内容，创新读书形式

（1）课外阅读指导课的研究活动

为培养学生读书的兴趣和习惯，提高学生的阅读能力，组织全体语文教师研究推广阅读课类型，如阅读指导课、班级读书会、阅读欣赏课、读书汇报课、读物推荐课等，带领学生走近经典，走进名著，在大量阅读实践中，养成阅读习惯，培养阅读能力，提升人文素养。

（2）课外阅读专题活动

为积极营造“以读书教育人，以学习提升人”的浓厚学习氛围，提高学生的语文素养和人文素养，每学期都举办内容丰富、形式多样的阅读专题活动。

（四）创建读书网站，拓展阅读范围

学生有了阅读的兴趣，但是如果没有阅读的时间和空间，阅读的兴趣既无从培养又不会得以持续，因此学校应该构建“四级书香网络”，即“校园书苑——班级书吧——个人书斋——网络书库”，家校合力努力完善学校图书馆、班级图书角、家庭图书架。学生喜欢上网，我们因势利导，向学生推荐“读书网站”，让他们从网上挑选适合自己阅读、有价值的文章共建“网络书库”，让孩子们把上网和读书紧紧连在一起，拓宽阅读的时空。

（五）创设阅读氛围，激发阅读兴趣

为创设良好的阅读氛围，学校应该搞好宣传工作，美化校园环境，努力营造一个勤读书、好读书、读好书的良好氛围。校园内名人名言的激励，艺术长廊中唐诗宋词的展示，开放式学生图书馆的建立无不激起学生积极主动进行课外阅读的兴趣，年级板报中张贴学生的读后感，班级中图书角的布置，学习园地中好书的推荐表，都可以直接刺激学生读书的欲望和需求。学校将推出“书香班级”“读书之星”评比措施，蓬勃兴起“晨间诵读”“午间悦读”“师生共读”活动，使每个班级书声琅琅，成为校园文化的一道亮丽风景线，全校师生投入到读书热潮之中。

七、研究步骤

第一阶段：研究准备开题实施阶段（2015 年 9 月 -2016 年 3 月）

（一）构建阅读研究工作体系。

（二）拟定论证课题研究方案。

（三）对课题组成员进行教育教学研究知识和方法培训。

（四）对以往的研究成果进行整理分析。

第二阶段：调查研究阶段（2016 年 3 月 -2016 年 9 月）

（一）收集汇编学习资料。
（二）调查分析，了解现状。
（三）确定课题的突破方向，拟定实施措施。

第三阶段：实践研究阶段（2016 年 9 月 -2017 年 3 月）
（一）继续加强学习。
（二）积极投入课题研究，全面落实研究内容和措施。
（三）组织开展各类研讨活动，总结成效并不断修正研究方案。
（四）撰写科研论文，收集优秀案例。
（五）整理初步形成的研究成果。

第四阶段：结题阶段（2017 年 3 月 -2016 年 9 月）
（一）整理课题研究成果资料。
（二）撰写研究报告。
（三）将课题研究资料汇编成册。

八、预期研究成果

（一）研究报告。
（二）典型案例和论文。
（三）有关调查问卷和数据分析资料。

附调查问卷：

库尔勒市第一小学阅读课程关于学生读书问卷调查表

1–2 年级学生课外阅读问卷调查

同学你好！请你根据自己的课外阅读情况回答下面的问题。本次问卷采取不记名的方式，请放心填写。请在（　）里填入适合你的选项。

1. 你喜欢读课外书吗？（单选）(　)

A. 十分喜欢　B. 比较喜欢

C. 不喜欢

2. 你的课外读物来自哪儿？（可多选）(　)

A. 自己购买、订阅　B. 向同学借

C. 图书馆借阅　D. 网络阅读

3. 你读的课外读物大多是（单选）(　)

A.自己选择的　B.学校推荐的

C.家长选择的　D.你与家长一起选择的

4. 你看的最多的是哪类课外书？（单选）(　)

A. 故事类　B. 科普类　C. 卡通、漫画类

D. 课业辅导类　E 其他

5. 你平均每天用多长时间读课外书？（单选）(　)

A. 一般不看　B.10—20 分钟

C.30 分钟　D.1 小时

6. 你有多少本课外读物（不包括杂志、报刊）？（单选）（　）

A.10 本以内　B.20 本以内

C.30 本以内　D.50 本以上

7. 你一般会选择什么时间进行阅读？（　）

A. 双休日　B. 午间休息时

C. 晚上睡觉前一段时间　D. 其他

8. 有谁和你一起读书？（单选）（　）

A. 家人　B. 同学或朋友

C. 自己读

9. 读完书后，你会与谁一起分享？（可多选）（　）

A. 家人　B. 同学或朋友

C. 自己

10. 你希望学校安排校内阅读的时间吗？（　）

A. 很希望　B. 比较希望

C. 随便　D. 不需要

弘扬翰墨文化　共育书香校园

——以书法课题优化学校书法写字教学

新疆库尔勒市第一小学是一所全日制完全小学。历经60年发展，始终坚持关心每个学生，促进每个学生生动活泼地发展，文化价值观逐渐由“自然和谐”“三个一切”“全面教育”凝练升华为“尚真教育”——尊崇真理、追求真实、倡导真诚、奉献真爱，努力促进全体学生的全面发展，实现教师专业可持续发展。

小学教育是基础教育的奠基工程，规范、端正、整洁地书写汉字可以引领学生学习和传承中华民族传统文化，感悟传统文化，坚定文化自信，学会热爱生活，从而推动社会主义文化繁荣兴盛。2012年以来，学校以创建新疆维吾尔自治区书法学校为契机，以中国教育学会十二五科研规划书法课题《提高中小学书法教育质量与效益的结合研究》写字课题为切入点，以“弘扬翰墨文化，共育书香校园”为主题，充分发挥书法的育德、启智、健体、审美的育人功能，为达到“规规矩矩写字、认认真真做事、堂堂正正做人”的理想目标，培养学生写一手好字的幸福感，感受汉字的美，领会中国传统文化的博大精深，积极优化书法写字教学，探索出一套适合学校实际情况的有效途径，开发了学生学习潜能，彰显了书法写字特色的教育对策，使校园文化具备独特的风格和丰厚的文化内涵，潜移默化地影响全体师生的观念与行为，为学生未来发展奠基。

一、解决的主要问题

学校传统语文教学偏重对学生进行语言文字的理解和表达能力的提高，忽视了对学生写字能力的培养，学校大部分教师的书法写字教学能力不强，对学生缺乏规范的要求和训练，教学效果不佳，致使学生没有形成良好的书写习惯，过重的作业负担使学生无暇顾及书写的质量，忽视了对字写得美观、规范的评价。

究其原因，一是教师自身书法写字水平不高、能力不强；二是教师的指导明显不到位，写字教学严重地存在着随意性的倾向，使学生的写字水平难以得到有效的提高；三是书写的工具不规范，低年级的学生使用自动铅笔，中高年级的学生使用圆珠笔、中性笔等；四是姿势不当，写字时手腕无法灵活回旋，导致写字死板；五是坐姿不正确，严重地影响着学生书写质量和身体健康。在这种情况之下加强写字教学已经刻不容缓，学校引导全体教师充分认识写字教学的目的和意义，在重视学生掌握计算机汉字输入技术的同时，高度重视写字教学工作，开发学生学习潜能。

二、解决问题的过程与方法

学校本着"规规矩矩写字、认认真真做事、堂堂正正做人"的书法教学育人目标，认真贯彻落实《教育部关于中小学开展书法教育的意见》（教基二〔2011〕4号）《中小学书法教育指导纲要》（教基二〔2013〕1号）以及自治区教育厅《关于中小学开展书法教育的通知》（新教基〔2011〕25号）等文件精神，对全体教师提出最基本、最朴素的要求是全员开展书法学习培训，以良好的书法教学能力培养学生把字写正确、写端正、写美观，养成良好的书写习惯、学习习惯。学校将书法教育课程列入学校课程表，精心组织师生参加书法教育各级各类活动和比赛，进一步激发全校师生弘扬书法艺术的积极性，全体师生热爱书法的热情蔚然成风。

（一）顶层设计课题引领

学校领导班子把立德树人作为学校工作的出发点和落脚点，选准书法教学为突破口，积极申报中国教育学会十二五科研规划书法课题《提高中小学书法教育质量与效益的结合研究》写字课题，成立校长任组长的学校书法工作课题组，制定《库尔勒市第一小学提高中小学书法教育质量与效益的结合研究的写字课题实施方案》，根据预设的总体目标、阶段目标、实施路径，确立主课题为"弘扬翰墨文化，共育书香校园"，强化全体师生"认认真真写字，堂堂正正做人"的写字育人理念，坚持做到"三全"，即全体教师过好"三字"关，全体学生过好写字关，全面挖掘书法教学的育人功能，积极探索写字教学的规律，推进写字教学走向规范化、科学化，彰显外求发展美誉度、内求扎实基本功的书法特色。

（二）培训学习教师先行

学校面向全体教师开展书法写字培训，明确要求教师全员参与、整体提高，本着“激发兴趣、科学指导、持之以恒、习惯养成”的工作思路稳步进行，争取实现“书法写字无弱师”的目标。学校首先将全体教师的书法练习做到“三定”，即定内容——成立四个教师书法强化培训班（两个隶书班，两个楷书班）；定课时——每周在学生放学后上好两节书法培训课；定外教——聘请本地书协两名知名书法家长期授课。其次学校在教师书法写字培训管理工作中做到“三抓”，即一抓管理规范化，明确教师班委职责，认真落实考勤作业，做到日日清周通报；二抓练习常态化，要求教师每天统一在学校文化长廊写好三个粉笔字，每天练习一篇钢笔字，每周上好两节书法课，业余时间加强自我练习；三抓测评客观化，要求教师每节课后上交一篇毛笔字作业，每周上交一篇钢笔字作业，及时点评鼓励，把写好三笔字作为教师的重要基本功。最后，学校建立健全教师书法写字学习激励机制，校长书记率先垂范带头参加书法写字培训学习，坚持开展教职工“毛笔、钢笔、粉笔”三字练习的“四个一”评估机制，即每天一练、每周一查、每月一展、每学期一测试。一学期的严格管理和扎实训练很快取得显著成效，全体教师对书法写字训练从最初的抵触盲从到逐渐兴趣勃发再到自觉自愿，书法优秀骨干教师不断涌现，进一步激发教师热爱祖国语言文字的情感，建立初步的书法欣赏、书写能力。六年来学校组织六十余名教师参加中国书法家协会举办的书法考级，获得高级证书 18 人，中级 26 人，初级 13 人，学校各级书协会员由原来的 1 人增加为 15 人，教师优质书法作品常常挂满长廊，极大地调动学生书法写字的积极性，为扎实开展学生书法写字奠定坚实的基础。

（三）扎实推进常规保障

学校将书法教学纳入校本课程建设之列，第一是抓好课程落实，严格遵守教材选用办法，从自治区《普通中小学幼儿园教学用书目录》中选用书法教材，开设学生书法课和微型写字课，上好一、二年级每周二节，三年级到六年级每周一节书法课和 20 分钟微型练字课，对学生进行硬、软笔字练习，形成“每天练、每周查、每月展、一学期一测试”的模式；第二是抓好课堂教学，有专人负责书法教育教学活动，依据《语文课程标准》《写字课程标准》和教材及其教师用书，制定出切实可行的写字教学计划和教学方案，坚持集体备课、精讲多练、分层指导、分层评价，上好每节书法课，传授写字知识、训练书写技能、培养良好书写习惯；第三是加强“双姿”训练，严格要求，严格训练，随机监测、督导。

实行自测量分，呈螺旋式、递进发展，持之以恒，巩固双姿达标率。

（四）研究探索贯彻始终

学校在书法教学的实践中，坚持三个结合：一是与语文教学结合，书法教学是语文教学的延伸，也是书法练习起步之时，学生练习的内容有些就是语文课所学的内容，学校要求语文教师认真、扎实落实写字课；二是与培养师资结合，教师大面积书法写字水平的提升，为学生写字教学提供了充足的师资保障；三是与家庭教育结合，引导家长督促学生，不仅在学校要练字，在家里也要练，促进学生良好习惯的养成。学校开展书法优质课评比活动，研究不同课型的课堂教学模式，优化书法课堂教学，初步构建"以教师为主导，学生为主体，练写为主线"的写字课教学模式，其基本框架为"导入新课——示范模仿——边讲边练——品评巩固，其间渗透书法写字常识"，建立一种科学有效、符合学生年龄特点的书法教学模式，充分激发学生的书法兴趣。三是学校成立"书法名师工作室"，组织优秀骨干教师团队积极开发书法校本教材，历经三年形成了学校低、中、高年级写字校本教材和低、中、高年级写字评价体系。

（五）倾力营造习字氛围

首先学校着力打造校园书法主题场所，"翰墨教室"——环境古朴典雅，实木长条桌椅，文房四宝齐备，是教师学生书法写字的专业教室；"书法长廊示范墙"——书法明星教师和书法明星学生的作品依次展出，让全体师生时时刻刻感受到书法大家就在身边；"墨香苑"——展现中国书法历史的源远流长，陈列历代书法名家的经典碑帖，悬挂历代书法大师的简介肖像，张贴本地书法名家的代表作品，展示教师学生的优秀书法作品，仰头可见百家姓，足下蘸水写书法。

其次学校定期举行师生现场书法展示活动，每学期末举行教师三笔字过关测试和学生软、硬笔书法测试，师生达标名单上光荣榜，教师颁发优秀等级证书，学生颁发奖状，激发写字能手的荣誉感和进取心，扩大社会影响。

最后学校全方位打造墨韵文化，多渠道展示书法作品，以陶冶师生情操，激发书写兴趣，努力成为祖国书法艺术传承教育基地。

（六）考核评优制度建全

为了公正、客观地评价每一个教师写字教学工作实绩，学校制定了《书法特色评优规定（教师）》《书法特色奖励规定（教师）》，其中六项评优制度，包括写字教学评优课、写字教学优秀教案评比、写字教学课件设计评比、写字教学经验论文评比、写字教育先进个人、教师辅导书法特长生，激发教师的学习和教学积极性，开展学生写字星级评比，制定相关评优制度，组织学生写字达标验收考核，鼓励学生参加各级书法比赛、考核。

（七）健全档案呈现足迹

写字档案是师生练字的真实记录，分类归档保存，可以看出一个人写字的成长过程，也可以明白和别人的差距，明确前进的目标。写字档案主要包括学校写字档案、教师写字档案和学生写字档案三部分。

1. 学校写字档案。有关写字教育的上级来文、通知、条例、简报等，有关写字教育文件，各种规章制度，评估材料，评优材料，有关写字教育的公开课，外出考察报告、讲座，有关写字教育的报道、论文、会议交流材料等。

2. 教师写字档案。参加书法展的书法作品，每学期参加三笔字大比武的书法作品，每周写字任务完成情况和成绩记载，教师参加“三字过关”考试的书法作品，教师参加写字等级评定考试合格的作品及证书，教师参加各级各类比赛获奖作品及荣誉证书，市级公开课教案及评价，市级总结论文或发表作品，教具制作及评比情况，辅导学生获奖情况。

3. 学生写字档案。以班级为单位归档，每生一本“我的写字集锦”，存放每学期一次的书法段位评定作品，学生每学期初和期末写的字，由班主任收编存档；期中、期末试卷，各班写字达标考试成绩登记表等。

（八）拓展渠道丰富形式

学校每年组织全校师生至少参加一次书法比赛，每年组织一次师生书画展览，将优秀的学生组成书法提高班，作为学校书法竞赛和参赛的骨干力量，节假日和社区联合开展公益书画展示活动，宣传学校的书画特色，每学期的家长开放日向家长展示学生的书画作品，争取家长的支持和配合，以期将学校的书画特色搞得更好，该方式得到了各级领导的认可及同事、家长、社会各界的好评，形成学校里有老师、社会上有名家，家庭里有父母共同参与的写字书法特色教学文化氛围。

三、成果应用及效果

通过六年研究实践，我们取得了可喜的教育成果。一方面我们突破原有书法写字教育质量研究的局限，凸显书法写字教育自身的主体地位，另一方面把书法写字教育质量问题的研究与审美教育和育人功能联系起来，使针对书法写字教育产生的社会效益、育人效益的理论与实践研究进一步丰富和深化。

1. 巴州书法家协会专家和学校对接，形成了专家——教师——课堂——学生成长的教学主线，培养了一大批能胜任书法教学的高素质的师资队伍。

2. 学生会用硬笔、软笔写字，写得正确、端正、整洁、行款整齐、有一定速度，在此基础上注重艺术性，力求人人能创作出有个人特色的书法作品，在学生中培养了一批“小书法家”。

3. 学校开展“书法德育大课堂”活动，把书法的艺术性与德育性合二为一，契合学生实际。

（1）培养学生正确的书写方法、坐姿，有利于学生身心健康发展，让学生从心底里感到练好字受益无穷。

（2）培养学生细致缜密的观察力、良好的学习习惯、一丝不苟的学习态度、坚韧不拔的学习毅力、高尚的审美情趣以及对祖国语言文字的热爱。

（3）增强学生的审美意识，提高审美能力，激发审美情趣，从而受到书法艺术美的熏陶。

4. 营造翰墨飘香的校园环境，形成风格独特和具有丰厚文化内涵的学校墨香文化。

5. 学校受到了社会的广泛认可。学校连续四年被评为自治区中小学书法教育课题研究优秀实验学校，教师学生参加“华文杯”新疆首届中小学书法大赛多人获奖，参加巴州首届“楼兰杯”书法篆刻临书临印展，多名教师学生获奖，学校获得“优秀组织奖”。2015 年成功承办巴州第二届“楼兰杯”书法篆刻临书临印展。2017 年 12 月在“自治区第五届中小学书法教育骨干教师培训和南疆书法教育基础培训”中积极配合工作，参加库尔勒市首届“青春杯”青少年书法大赛，多名教师获优秀指导老师，多名学生获一等奖二等奖，学校获得“优秀组织奖”。硬笔书法报、巴州电视台、库尔勒晚报、梨城教育等媒体都报道了学校的书法特色教育工作，自治区、巴州、库尔勒市各级领导到校检查、指导、观摩，好评如潮！

技无止境、学无止境、教无止境。库尔勒市第一小学沿着自己认准的目标不变调、不懈怠，把“规规矩矩写字、认认真真做事、堂堂正正做人”作为书法写字理想目标，一步接着一步走，走向满园墨香……

2018年3月

国雅文化进行时　含苞待放育花蕾

——文化顶层设计引领学校跨越式发展

中华文化源远流长，积淀着中华民族最深层的精神追求，代表着中华民族独特的精神标识，抛弃传统、丢掉根本，就等于割断了自己的精神命脉。习近平总书记指出：最大范围传播弘扬中华民族的优秀传统文化，把优秀传统文化的精神标识提炼出来、展示出来，把优秀传统文化中具有当代价值、世界意义的文化精髓提炼出来、展示出来。

2018 年 12 月，我担任新疆库尔勒市实验小学党支部书记，时刻恪守“为党育人、为国育才”的初心使命，紧紧抓住青少年阶段的“拔节孕穗期”，以“国雅文化”的价值标准弘扬中华民族的优秀传统文化，坚守正道、弘扬大道，引导全体师生树立和坚持正确的历史观、民族观、国家观、文化观，不断增强中华民族的归属感、认同感、尊严感、荣誉感，切实贯彻习近平新时代中国特色社会主义思想，增强“四个意识”，坚定“四个自信”，做到“两个维护”，落实“立德树人”的教育根本任务。

新疆库尔勒市实验小学是一所具有优良办学传统的学校，始建于 1981 年，名称为巴音郭楞蒙古自治州师范学校附属蒙古族小学。2004 年 10 月整体搬迁到天山路新校址，2005 年更名为巴音郭楞蒙古自治州蒙古族小学，2017 年 9 月更名为巴音郭楞蒙古自治州第一小学。2018 年 10 月整体移交库尔勒市教育局管理，11 月更名为库尔勒市实验小学，是一所完全小学。学校党支部在新时代教育工作者勇担弘扬中华民族的优秀传统文化的使命担当中，以“国雅文化”为切入点，汲取中国传统文化精华养分，挖掘“国雅”之中蕴含的深厚优秀传统文化精髓，找准“国雅”为合乎规矩之意、高尚之意、敬辞之意、交情之意、持之以恒之意、传播文明礼仪之意，责任担当之意，明确以“国雅文化”价值标准培育学校国雅文化、慧雅管理、心雅德育、智雅课程、灵雅评价、和雅家校建设，涵养儒雅教师、培养文雅学生、润养高雅学校，深入实施中华优秀传统文化传承发展工程，用“以雅育雅”的核心理念和“四季国雅风”文化名片对师生进行中华民族优秀传统文化的熏陶和培养，推动中华优秀传统文化在校园创造性落地、创新性发展。

一、慧雅管理注入中国传统文化美好韵味

卓尔不群、夫唯大雅，雅是至上的品位、至尊的气度、至高的境界，是对教育理想的审美，是一种教育文化的宣言。学校党支部首先明确“国雅文化”内涵，坚定不移执行党的教育方针，高度认同中华优秀文化和国家历史的连续性，遵循教育发展规律，进行雅正规范教育，以“爱国、守正、尚勤、求活”为核心价值，确立“做有中国灵魂世界眼光的有志之士”的办学理念，构建实验小学“四季国雅风”文化架构体系。

慧雅管理依据“鱼缸理论”成方圆、“南风法则”融温情、“木桶原理”励成长。第一坚持掌舵指导一个中心（一个党支部战斗堡垒）、百花齐放两个堂（四季教师国雅讲堂和四季学生国雅学堂）、示范引领两面墙（教师风采墙、学生风采墙）、建言献策三个会（教代会、少代会、家长会），人文关怀四个访（教职工病必访、产必访、丧必访、婚必访），开启教师加油会（落实教师子女哺乳、入托、上学、中考、高考等和新入职青年教师吃住行婚等实际问题），解决教师工作生活的冷暖需求和后顾之忧，成就教师“五自品行”——自信、自我、自悟、自爱、自觉，建立国雅文化管理磁场，做到行动温润，形成中国优秀传统文化自觉。

第二学校党支部将弘扬中华民族优秀传统文化的使命担当融入政治业务学习之中，坚持每周一早升国旗对全体师生进行习近平新时代中国特色社会主义思想学习教育，坚持每周一下午组织全体教职工进行一小时政治学习。采取“八个一”创新学习方式，即：学习一份重要文件、讲好一个中国故事、宣传一个先进典型、分享一次读书心得、朗诵一首经典诗词、展示一次国学特长、自学一篇专业文章，做实一次深度讨论，增强思想政治学习影响力和吸引力。做到时间、地点、主题、主持人四落实，严格考勤记录，做好学习记录，定期讨论测试，对中国优秀传统文化、党史和新中国史做到再认识、再提高、再领会，做到自觉爱党、护党、为党，自觉践行社会主义核心价值，汲取努力培养新时代社会主义合格接班人的强大精神力量，扎紧全体师生团结奋斗的精神纽带，厚植家国情怀，培育精神家园，引导师生坚持中国道路、弘扬中国精神、凝聚中国力量。

二、儒雅教师争做弘扬中国传统文化示范引领

一是学校党支部实施“名家雅士进校园”工程，坚持“三尺讲台有纪律，课堂讲授有规矩，学术研究有底线”，邀请党校教师、思政专干、国学讲师、书法大家、心理专家、骨干名师等名家雅士走进“国雅讲堂”，对全体教职工进行习近平新时代中国特色社会主义思想、中国优秀传统文化、现代教育理念等主题讲座，大兴科学之风、民主之气。讨论制定《实验小学儒雅教师标准》，用“九个坚持”激励引导教师铭记“培养什么人、怎样培养人、为谁培养人”的教育目标和教育任务，切实做到“六个下功夫”，为全体教职工努力实现中华民族伟大复兴的中国梦提供强大精神动力。

二是形成优势传统主题系列活动，组织开展四季国雅风春之华·妇女节感恩主题活动、四季国雅风夏之光·民族团结主题活动、四季国雅风秋之实·教师节表彰主题活动、四季国雅风冬之韵·欢庆元旦主题活动，引领全体教师通过丰富多彩的主题活动形成对中国优秀传统文化的深度认同。

三是创新教职工体育锻炼方式，周一至周五进行太极拳、武术操、民族舞、健身操锻炼，将中华传统文化与健康养生有机结合，强化对祖国悠久历史、深厚文化的理解和接受。

四是优化学校“工会之家”建设，装饰装修教职工休闲憩息放松阵地，提供教师习练中国传统八大雅——琴、棋、书、画、诗、文、花、茶的优雅环境，体味中华传统文化的深厚底蕴。

五是制定《库尔勒市实验小学教师每月“优雅之星”“和雅之星”“博雅之星”“宽雅之星”评选方案》，评选先进教师，用教师风采墙激励全体教职工争先创优。

六是持续开展教师读书诵诗活动，加强粉笔字、毛笔字、钢笔字、简笔画、板书设计、朗诵等基本功培训，使教师夯实业务基本功，提升育人品位，开办“夏之光博雅教学经验交流·基本功大赛”“冬之韵博雅教学经验交流·基本功大赛”，不断开拓教师的教育思维空间和教育理论视野，同时紧紧抓住书法艺术的精神内涵、道德人品和文化含量组织教师大练软笔书法（小篆、楷书）和粉笔字，在感悟书法所承载的中华民族的情感、对艺术的追求和对美好未来的期盼之中，

着力培养教职工爱国之情、砥砺强国之志、实践报国之行，做最大范围传播弘扬中华民族的优秀传统文化的教育工作者。

三、智雅课堂挖掘弘扬中国传统文化基因

学校精心打造“国雅”课堂——中国传统文化八大雅：琴、棋、书、画、诗、文、花、茶（善琴者通达从容，善棋者筹谋睿智，善书者至情至性，善画者至善至美，善诗者韵至心声，善文者情逢知己，善花者品性怡然，善茶者陶冶情操）。

全校开展古诗诵读活动和书法课程，教务处根据学生年级精选出 200 首必背古诗，要求每学期每位学生会背 70 首，每班语文教师对学生们进行书法教学，全校开设画课堂（一、二年级儿童画，三至六年级中国画），一年级至五年级开设琴课堂（一、二年级葫芦丝，三、四年级口风琴，五、六年级电子琴），音乐教师利用音乐课教会学生吹奏的基本知识，并指导练习，三年级开设棋艺课堂，四、五年级开设花艺课堂，利用学校种植园种花种菜，六年级开设茶艺课堂。

开展中国传统八雅“诗文书画琴棋茶花”系列活动，举办“四季国雅风春之华·琴棋会”“四季国雅风夏之光·诗词大会”“四季国雅风秋之实·赏花书画展”“四季国雅风冬之韵·闻茶香品美文”等主题活动，同时紧紧依托全国小学生乒乓球“向阳杯”成员学校和校内乒乓运动场地优势，面向全体学生普及乒乓球训练。举办“四季国雅风冬之韵·国雅杯”乒乓球赛，努力做到“八雅”课堂传授中华优秀传统文化知识，传播中华优秀传统美德，做到全体学生十二个百分之百，即：琴艺、棋艺、书法、画艺、诵读、茶艺、花艺、传统游戏、乒乓球、跳绳、踢毽子、健身操抓在平常，做在日常，修在经常，让学生在中国传统八雅文化学习、展示、评价的过程中感悟中华传统文化的不朽魅力，了解中华民族的悠久历史和灿烂文化，传承中华民族的宝贵精神品格。

四、心雅德育立足中国传统文化创新活动

学校党支部在推进中华优秀传统文化对师生的教育引导和潜移默化中，做到以文化人、以文育人、以文培元，强化学生规矩意识，扣好人生第一粒扣子，培养学生立存高远、自强不息、勇于担当的精神。

一是抓好养成教育。学校把规范养成教育作为常规教育的主要内容和切入点，德育处制定《库尔勒市实验小学学生雅行规范》，把 24 字箴言“面必洁、

发必理、衣必整、容必善、言必真、行必正、业必勤、态必雅”融入培养和践行社会主义核心价值观的要求之中，做到三个一：每周一主题一表彰一提示，在升国旗活动中隆重表彰，每学期评选实验小学“态雅之星、言真之星、行正之星、业勤之星”，在学生风采墙上展照片张红榜，让争做“文雅学生”蔚然成风，为学校实践雅行规范教育奠定良好的基础。

二是深化“我们的节日”主题活动，紧紧结合“春之华·夏之光·秋之实·冬之韵”四季之中的春节、元宵、清明、端午、七夕、中秋、重阳等重要传统节日，开展丰富多彩、积极健康、富有价值内涵的民俗文化活动，引导师生感悟中华文化、增进家国情怀。

三是大力开展民族团结教育，充分发挥红领巾广播站、电子屏、黑板报、主题班（队）会教育作用，严格执行升国旗制度，坚持每周一次推荐优秀班级代表国旗下主题教育讲话，使学生受到热爱伟大祖国、热爱社会主义、热爱中国共产党的教育和熏陶，通过学习民族团结模范事迹、民族团结歌曲大家唱、民族团结联谊、演讲比赛等活动，牢固树立马克思主义民族观，自觉维护祖国统一，形成各民族师生平等相待、团结和睦、共同健康成长、友好互助的良好校园氛围。

四是开办实验小学学生“四季国雅学堂”，深化道德建设，在“春之华·夏之光·秋之实·冬之韵”四季之中将社会主义核心价值观、法制教育、生态文明、科技教育、心理健康教育等主题教育以道德讲堂活动的形式，对学生正确的人生观、价值观、世界观的形成起到重要的导向作用。

五是开展“国雅五礼”仪式教育活动，体现中华民族的优秀传统文化的庄严神圣，学校隆重推出“四季国雅风五礼”仪式（四季国雅风秋之实·入学礼、四季国雅风夏之光·入队礼、四季国雅风春之华·女儿礼、四季国雅风秋之实·男儿礼、四季国雅风夏之光·毕业礼），了解中华民族的悠久历史和灿烂文化，进一步增强吸引力、感染力，引导师生树立国家意识、增进爱国情感。

五、和雅家校助力中国传统文化发挥协同育人

学校党支部首先完善相关制度，制定《实验小学家长委员会章程》《实验小学家长文明公约》，创新家校共育中华优秀传统文化合力形式，启动五个特色项目，切实提供教师与家长沟通与交流的机会，带动家长共同成长。

一是开展安全体验活动：一年级“四季国雅风春之华·走进交警支队体验交通安全”，二年级“四季国雅风春之华·走进消防支队体验消防安全”，三年级开展防校园欺凌和女童保护教育，四年级开展医疗医护常识自救自护教育，五年级开展青春期保护教育，六年级开展心理疏导教育，要求教师、家长、学生共同编制体现中华优秀传统文化特点的童谣儿歌，增强教育的时效性。

二是树立远大理想信念体验活动，三年级开展“四季国雅风春之华·军警营一日”活动增强国防意识，四五六年级开展“四季国雅风春之华·清明祭英烈”活动树立远大志向，五年级开展“四季国雅风春之华·走进四馆三基地”活动体验爱国爱家乡情怀，六年级开展“四季国雅风秋之实·军训”磨炼意志品质，通过六年分层次多主题体验活动培养“有中国灵魂世界眼光的有志之士”，激发教师、家长、学生的团队意识和大局意识，培育爱国主义情感。

三是加强公民意识教育，组建教师、家长、学生志愿者小队，每逢假期组织队员们走进社区、博物馆、书画院等地认真开展社会实践活动，通过学雷锋送温暖慰问演出、社区爱绿护绿环保、社区听公益讲座等活动，使广大学生更深入地融入社会，体验生活，领悟生活的真谛，加强对祖国悠久历史、深厚文化的理解和接受。

四是开展研学旅行。学校以培养学生实践能力和提高综合素质为切入点，以形成良好的道德品质和行为习惯为突破口，开展四年级“四季国雅风春之华·当小梨花遇上国雅文化——赏梨花爱家乡”活动，五年级“四季国雅风秋之实·走进铁门关——探寻历史放眼一带一路”活动，六年级“四季国雅风秋之华·马兰之行——坚定爱国报国志”主题研学活动，从历史中汲取营养和智慧。

五是通过《讲师大联盟，专业助共育》和《家长达人秀，教育生合力》，挖掘教师、家长、社会知名人士的中华民族优秀传统文化的专长，在国雅学堂讲授“琴、棋、书、画、诗、文、花、茶”的基本常识，引导学生自觉延续中华民族优秀文化基因，反对文化虚无主义，树立和坚持正确的历史观、民族观、国家观、文化观，不断增强中华民族的归属感、认同感、尊严感、荣誉感。

六、学校高雅校园文化传承中国传统文化

学校党支部着眼培养担当民族复兴大任的时代新人，始终高扬爱国主义旗帜，使爱国主义成为全体师生和家长的坚定信念、精神力量和自觉行动。学校充分凝聚广大师生家长的智慧和力量，形成具有实验小学特点的“三风一训”和精神、物质、行为、制度等文化，面向全体师生和社会各界广泛征集校徽、校歌和吉祥物，撰写《实验小学国雅赋》，用心营造国雅文化和谐温馨校园氛围，建设四层楼道社会主义核心价值观和实验小学国雅主题文化，精心打造博雅楼、清雅阁、和雅居、国雅道、国雅堂、书雅壁、百花园、棋雅台、诗雅亭、趣雅苑、泉雅间、墨香阁、翰书轩、雅艺台等国雅文化景观，使校园屋宇灿灿，处处生雅意雅思，花木荫荫，时时见雅苑雅景。通过彰显中华优秀传统文化特征的校园环境建设倡导师生共勉，陶冶胸襟之宽雅和雅，教学相长，追求知识之博雅渊雅；立远志，铸造儒雅文雅之美质；展宏图，练就清雅优雅之良才，习雅趣雅好，争秀雅典雅之上品，守雅信雅道，必达大雅精雅之高标，倡导国雅教育，传扬使命担当，传承自强不息、厚德载物的中华民族优秀传统文化思想。

功成不必在我，功成必定有我。中华文明源远流长，孕育了中华民族的宝贵精神品格，培育了中国人民的崇高价值追求，支撑着中华民族生生不息、薪火相传，学校党支部要把传承中国优秀传统文化工作放在更加重要的位置，坚持古为今用、推陈出新，根据少年儿童特点循循善诱、春风化雨，不忘本来、辩证取舍，从历史中汲取营养和智慧，增强民族自尊心、自信心和自豪感，自觉延续中华优秀传统文化基因，把中国优秀传统文化的学习升华为强化师生深厚的民族心、民族魂的具体行动，升华为传承中国人民和中华民族维护民族独立和民族尊严的爱国主义强大精神动力，带领全体师生把爱国情、强国志、报国行自觉融入坚持和发展中国特色社会主义事业、建设社会主义现代化强国、实现中华民族伟大复兴的奋斗之中。

2019年11月

专题讲座篇

△“雅园生雅意，雅景生雅思”。有形的雅渐生无形的雅，一种雅的气场弥漫在学校的每一个角落，浸润着身在其中的每一个人的心脾。

△师爱，是教师对学生无私之爱，它是师德的核心，即“师魂”，从爱学生的角度讲，就是教师要做学生的良师益友。

构建理想课堂　提高教学实效

——关于提高课堂实效的校本专题培训

在参加新疆小学语文新课程“有效教学研讨会”后,有了深刻的启发和收获，下面通过分享精彩亮点和教学案例，以期共同改进我们的课堂教学。

一、语文知识教学要求清晰扎实

1. 生字学习要求细致：读得字字响亮，不可误一字，不可少一字，不可多一字，不可倒一字。

2. 词语教学全面深入：指导读停顿——词语搭配——理解词语——读出气势。小结——词语也有感情，有温度，有滋有味。“啊”字的教学：出示例句读中悟——比较区别——三种读法——出示练习——回归课文。

3. 段落学习要求明确：课文第二部分回忆了哪几个场景？把这段话读成四个字。

4. 语言文字训练扎实:读出“清”句——清得可以看见( )——清得可以看见( )还可以看见（ ）——再读出感情——指导背诵。

二、合作探究要求极具针对性

学生自学学习要求精炼明确：作者回忆刘老师三个典型事例想告诉我们什么？默读 4 到 9 段，找出让你感动的句子读一读并谈感受。友情提示：课文中有许多地方写得生动细腻，我们可以抓住重点句子、关键词语体会；可以联系自己的生活体会；还可以设身处地去感受，把自己当作老师的学生，也可以把自己当作刘老师；走进他们的内心世界，体会他们的感受。

三、钻研文本教材步骤清晰（北京东城区王文丽教师）

1. 要求：读懂内容——读明结构——读清线索——读出主题——读出难点。

2. 思考：课文说了什么？课文是怎么表达的？课文为什么要这样说？（准确真实积极）

3. 意义：钻研文本比设计教法更重要，把握课文特点——琢磨语言文字感悟点——品析文本语言表达特点——填补空白点——抓住能力训练点——查找与文本的相关点。

四、积极构建有效课堂

1. 外在因素：教学目标简明——教学内容简约——教学环节简化——教学方法简便——教学媒体简单——教学用语简要。

2. 内在因素：读书是最好的备课——人生观积极——注重积累（每周一歌）（每月一部电影）。

五、准确深入解读文本（江苏省连云港马建明教师）

1. 以作品为中心的解读办法：从形式中理解作品的内容，在内容中审视作品的形式；从整体中把握内容，在局部中细加分析；从文学中感悟生活，在艺术中理解真实；从表象中品味意蕴，在意蕴中领悟真谛。

2. 以读者为主体的解读办法：赋予文学作品的意义；创造性的理解和发展；开阔审美期待的视界。

3. 文本解读的策略：关注局部，顾及整体；联想想象，虚实相间；入乎其内，出乎其外。

4. 多角度挖掘课文资源：课文的由来——知人论世，了解意图；课文的体裁——区分文体，抓住特点；课文的结构——关注层次，察觉联系；课文的手法——识别类型，注意表达；课文的形式——辨别标识，体会蕴含；课文的词句——抓住关键，明确作用。

六、精心设计进行教学，灵活机动实施教学

1. 把握方向，工具人文相得益彰；

2. 明确目标，三维目标整合达成；

3. 教学设计围绕五个要点落实：一要读出一个课文主题；二要找准一把结

构抓手；三要营造一个教学高潮；四要安排一段语言训练；五要进行一些拓展训练。

4. 感悟内化，遵循母语学习规律。

5. 立足课堂，提高课堂教学效益；自学质疑，交流展示；互动探究，精讲点拨；矫正反馈，迁移应用。

本次有效教学研讨会的学习让我深受触动，我们平时辛辛苦苦上课，教学实效却不尽人意，通过学习观摩如拨云见日，让我们明确提高教学实效的教学理念是以生为本、关注体验、先学后教、以学定教、活泼紧张、当堂达标、师生互动、共同发展，课要上得质朴有效，做到心中有数，课要上得诗情画意，让我们努力构建理想课堂。

2010年10月

构建以学生为主体　价值为导向的课堂文化

——关于课堂文化构建的解读

一种积极向上的课堂文化是学生智慧、能力、人格成长的必要条件，要形成尊重学生、包容学生的课堂文化，使课堂成为学生充分施展和表现才能、取得学习成果的时空。我们希望能尽快实现从接受型教学向质疑型教学的转变，逐步构建起课堂的思辨文化，要倡导以问题为纽带，发展学生的发散思维和批判性思维。

在学校第六届学科带头人“模范杯”教学大赛中，我们欣喜地看到教师研究课堂教学意识和专业教学能力不断增强，教学风格日趋丰富多彩，涌现优秀教师群体。同时，我们也应该反思课堂教学中教师的人文情怀和课堂教学中学生的主体地位如何有效落实，思考课改为什么而改，明确“构建以学生为主体、价值为导向”的课堂文化理念，达到文化再造，使课堂增值。

一、理解课堂与课堂文化的内涵

课堂是现代学校教学的主要场所，课堂学习是传承与发展人类文化的基本形式。课堂文化是师生在课堂教学中所体现出来的思想意识、思维方式以及学习方式的总和，是学校价值取向在课堂活动中的体现。它是在长期的课堂教学活动中形成并为师生所自觉遵循和奉行的一种文化。课堂文化就是课堂的价值体现，它应该体现为对生命的理解和尊重，对智慧的激发和启迪，对能力的培养和提升。建设新的课堂文化，必须努力构建平等民主、和谐共处、互动合作、自主探究的课堂氛围，赋予课堂以生命价值。

二、当前课堂文化建设的新情况

课堂文化建设并没有真正成为学校文化建设的重要领域，传统的质量观和由此形成的教学模式仍在课堂教学中占主导地位，课堂教学改革的形式主义依然存在，针对性、实效性较差。

三、以教师的文化自觉成就“有文化的课堂”

（一）教师的文化自觉决定教育的内涵。教师要追求有文化的课堂，做到目中有人——理解学生的需求，心中有数——理解学生的期盼，手中有法——改造我们的评价。

（二）教师的文化自觉成就优质的学校文化。教师要教出有涵养有文化的学生，思考为什么而教——回归原点，探寻价值，思考教什么——价值参与，构建人文课程，如何教——以学为核，积淀文化底蕴，促进学生有价值的思考，让自己的语言达到三个境界，传递对学科的热爱，使学生产生学习动力。

（三）教师的文化自觉成就教师的自身发展。教师要历练成有文化的教师，锻造自己的判断力 + 定力，强化阅读 + 思考，加强共同经历 + 共同研究，不断学习大家风范。教师应该有科学正确的价值判断、持之以恒的教育信仰、坚定不移的文化追求、庄严神圣的教育承诺、始终如一的实践探索、习惯如常的教学行为，最终体现在学校课程、教育行为和教育细节之中，成为学校的文化传统。

四、课堂文化建设要关注的四个问题：

（一）目标的基础性

1977 年联合国教科文组织提出：“基础教育是向每个人提供并为一切人所共有的最低限度的知识、观点、社会总则和经验的教育”，这是国际上公认的一种理解。基础教育的课堂文化建设一定要服务于抓基础。《义务教育法》规定中小学生的素质基础中，有品德是做人的基础，智力是做事和继续学习的基础，体质是品德和智力的载体。习惯是基础素质的重要体现，素质教育就是培养好习惯，我们的反应倾向是体现人的价值判断习惯，其实就是一种价值观的培养，一种做人品质的培养，思维习惯是创造性思维习惯，行为习惯体现在生活、工作、学习、待人等方面。

（二）理念的人本性

“人”永远是目的，这是全部教育活动的出发点和归宿。学生的发展永远是教育活动的目的，也是教师专业发展的目的，任何时候我们都不能把学生当成手段，这是维护人类尊严的基础。心理学家马斯洛说，只有在真诚、理解的师生人际关系中，学生才敢于和勇于发表见解，自由想象和创造，从而热情的吸取知识，发展能力，形成人格。

（三）价值的导向性

教育本身就是价值引导和价值创造的过程。我们要使核心价值观成为社会的主流价值观,很重要的途径是教育,培养正确的价值观念。美国学者拉思在《价值与教学》中指出:每个人都有自己的价值观,每个人都按他个人的价值观行事,学校教育的根本任务在于抓住价值观，发展学生的道德意识、判断和选择能力，要让学生在内部的道德冲突中认清自己的价值观。

（四）模式的多样性

（1）注重学思结合：倡导启发式、探究式、讨论式、参与式。

（2）注重知行统一：传统的智力概念强调解答问题的能力，现代智能概念强调在实践中解决问题的能力。

（3）注重因材施教：通过创造适合不同学生的课堂教学，促进个性化学习，使不同学生都能打好全面发展的基础，这就是最好的课堂教学。

五、学校的办学理念阐释

我们学校的办学宗旨是“以人为本，全面发展，办有特色，争创一流”。办学理念是“以人为本，以德为先，依法治校，民主理校，人才强校，科研兴校”。校训是“勤学为博采,厚德以明志”,教风是“教书育人,学做真人”。校风是“文明、守纪、勤学、创新”。学风是“勤学、善思、明辨、好问”。在这样的学校文化引领下，让我们明确学校构建“以学生为主体、价值为导向”的课堂文化理念，打造有文化的课堂。

六、学校课堂文化建设的思考

1. 实施“少教多学”课题研究。“少教多学”作为一种教学思想反映出对教与学的关系的深层次思考和反思，准确概括当代教学改革与发展的基本趋势。

2. 推广“课堂观察点”诊断研究。

3. 提倡在自学自悟中探索实践。

爱和智慧分属两个概念，但对学生真诚的、发自内心的爱是可以激发教师的智慧的。基于尊重学生人格和维护学生正当权利，课堂文化是师生在课堂教学中所体现出来的思想意识、思维方式以及学习方式的总和，是学校价值取向在课堂活动中的体现，它是在长期的课堂教学活动中形成并为师生所自觉遵循和奉行的一种文化。让我们努力践行“以学生为主体、价值为导向”的课堂文化，使我们的课堂成为学生智慧、能力、人格生长的沃土。

2011年9月

构建成长课堂　追求教学相长

——关于《小学语文新课程标准》的解读

教育即成长。教育应当尊重人的原有基础及其成长规律，为每个人提供适合其发展的机会和可能。面对 2012【最新修订版】《小学语文新课程标准》，我们要在已有的教学积累基础上加强学习领悟，让自己在教育理念和专业素养方面不断成长，并引领学生实现共同成长。

一、优秀课例分享，助力感性理解

课例一《画家和牧童》（主讲库尔勒市第一小学教师李雪玲）教学过程

（一）图片导入。

1. 欣赏几幅作品
2. 板书课题

（二）初读课文、解决生字。

1. 自由读文
2. 自己拼读生字条中的生字
3. 合作读，相互检测
4. 学生当老师，教师适时指导
5. 开火车检测，人人过关

（三）再读课文、能做到准确流利。

1. 开火车读，一人一段
2. 评价，好在哪里？（教师通过评价语言指导读好课文的方法）

（四）学习课文 1-4 自然段。

1. 用自己的话说说什么是著名？（小结学法：帮助找近义词理解词语；借助生动的画面理解词语）

2. 详教“抹”，略教“挤”，自学“拱”

3. 教读句子方法：边读边想象情景边加上动作

4. 出示：一……就……句式练习说话

随文认识词语“购买”与它同结构的词语惭愧、驱赶、夸赞。

5. 齐读句子找近义词：夸赞，称赞，赞扬。

6. 设置情景，练习指导说话（你会怎么夸赞）

7. 小结学法。课文中在夸赞时用上了“绝妙之作”，推荐“活灵活现、栩栩如生、惟妙惟肖”我们在夸的时候，用上类似的词语，那我们的语言就变得更加生动。

（五）读牧童的话为下节课理解画家和牧童身上的优秀品质做铺垫。

课例二《阅读大地的徐霞客》（主讲巴州石油一中彭利娟）

一、前置作业

1. 认真读课文，自学生字、新词

2. 结合“奇人、奇书”这两部分内容的具体语句谈谈感受

3. 由徐霞客的故事你还想到了哪些故事？找出来读一读

二、教学过程

（一）图片导入，谈感受，引出课题，学生质疑课题。

（二）反馈先学内容。

（三）合作读书感知课文内容。

1. 读准字音，读通句子

2. 交流课文主要讲了什么？

（四）合作交流：抓住“奇人”“奇书”两部分内容的具体语句谈谈感受（两组汇报），（教学时，教师要仔细倾听学生的发言内容，一边进行点拨和提升学生的认识。）教师适时指导朗读，读出敬佩、感动等感情（教师根据学生的发言，随即进行指导朗读，通过多种形式的朗诵，走进文中人物的精神世界和情感世界）。

（五）再次理解课题。

（六）写一写对徐霞客的赞美。

（七）再次朗读课题。

三、2012 小学语文新课程标准【最新修订版】教学建议

（一）充分发挥师生双方在教学中的主动性和创造性。

（二）语文教学应在师生平等对话的过程中进行。学生是语文学习的主人。语文教学应激发学生的学习兴趣，注重培养学生自主学习的意识和习惯，为学生创设良好的自主学习情境。自主合作探究的学习方式与有意义的接受性学习相辅相成。应尊重学生的个体差异，鼓励学生选择适合自己的学习方式。教师是学习活动的组织者和引导者，应转变观念，更新知识，钻研教材，不断提高自身的综合素养。应创造性地理解和使用教科书，积极开发课程资源，精心设计教学方案，灵活运用多种教学策略，引导学生在实践中学会学习。

（三）教学中努力体现语文的实践性和综合性。努力改进课堂教学，整体考虑知识与能力、过程与方法、情感态度与价值观的综合，提倡启发式、讨论式教学。沟通课堂内外，充分利用学校、家庭和社区等教育资源，开展综合性学习活动，拓宽学生的学习空间，增加学生语文实践的机会。

（四）重视情感、态度、价值观的正确导向。培养学生高尚的道德情操和健康的审美情趣，形成正确价值观和积极人生态度，是语文教学的重要内容，与语文能力的提高、语文学习过程和方法的形成是融为一体的，不应把它们当作外在的附加任务。应该根据语文学科的特点，注重熏陶感染，潜移默化，把这些内容渗透于日常教学过程之中。

（五）重视培养学生的创新精神和实践能力。语文教学要注重语言的积累、感悟和运用，注重基本技能的训练，给学生打下扎实的语文基础。同时要注重开发学生的创造潜能，培养综合实践能力，促进学生持续发展。

（六）遵循学生的身心发展规律和语文学习规律，选择教学策略。学生生理、心理以及语言能力的发展具有阶段性特征，不同内容的教学也有各自的规律，应该根据不同学段学生的特点和不同的教学内容采取合适的教学策略，同时注意不同学段之间的联系和衔接，促进学生语文素养的整体提高。

（七）具体建议

1. 关于识字写字与汉语拼音教学。识字写字是阅读和写作的基础，是第

一学段的教学重点。对识字与写字的要求应有所不同，要贯彻多认少写的识字教学原则，讲究教学方法，以减轻学生负担。识字教学要将儿童熟识的语言因素作为主要材料，同时充分利用儿童的生活经验，引导学生利用课外各种机会主动识字，力求识用结合。要运用多种识字教学方法和形象直观的教学手段，创设丰富多彩的教学情境，提高识字教学效率。写字教学要重视对学生写字姿势的指导，引导学生掌握基本的书写技能，养成良好的书写习惯。汉语拼音教学尽可能有趣味性，宜以活动和游戏为主，与学说普通话、识字教学相结合。

2. 关于阅读教学。阅读是搜集处理信息、认识世界、发展思维、获得审美体验的重要途径。阅读教学是学生、教师、教科书编者、文本之间对话的过程。阅读是学生的个性化行为，应引导学生钻研文本，在主动积极的思维和情感活动中，加深理解和体验，有所感悟和思考，受到情感熏陶，获得思想启迪，享受审美乐趣。要珍视学生独特的感受、体验和理解。不应完全以教师的分析来代替学生的阅读实践，也要防止用集体讨论代替个人阅读，或远离文本过度发挥。

3. 阅读教学应注重培养学生的感受、理解、欣赏和评价的能力。这种综合能力的培养，各学段可以有所侧重，但不应把它们机械地割裂开来。逐步培养学生探究性阅读和创造性阅读的能力，提倡多角度的、有创意的阅读，利用阅读期待、阅读反思和批判等环节，拓展思维空间，提高阅读质量。各个学段的阅读教学都要重视朗读和默读。应加强对阅读方法的指导，让学生逐步学会精读、略读和浏览。有些诗文应要求学生诵读，以利于积累、体验、培养语感。在阅读教学中，为了帮助理解课文，可以引导学生随文学习必要的语法和修辞知识（如词类、短语结构、句子成分、常见修辞格），但不必进行系统的语法修辞知识教学，更不应要求学生死记硬背这些知识。培养学生广泛的阅读兴趣，扩大阅读面，增加阅读量。提倡少做题，多读书，好读书，读好书，读整本的书。鼓励学生自主选择阅读材料。（还应注意学生阅读时的心理卫生和用眼卫生）。

4. 关于写作教学。写作是运用语言文字进行表达和交流的重要方式，是认识世界、认识自我、创造性表述的过程。写作能力是语文素养的综合体现。写作教学应贴近学生实际，让学生易于动笔，乐于表达，应引导学生关注现实，热爱生活，积极向上，表达真情实感。第一、第二学段可从写对话入手，以降低起始阶段的难度，重在培养学生的写作兴趣和自信心。在写作教学中，应注重培养学生观察、思考、表现、评价的能力。要求学生说真话、实话、心里话，不说假话、空话、套话。激发学生展开想象和幻想，鼓励写想象中的事物。为学生的自主写作提供有利条件和广阔空间，减少对学生写作的束缚，鼓励自由表达和有创意的表达，少写命题作文。加强对平时练笔的指导，提倡写日记、书信、读书笔记等。（写作知识的教学力求精要有用）写作教学应抓住取材、构思、起草、加工等环节，指导学生在写作实践中学会写作。重视引导学生在自我修改和相互修改的过程中提高写作能力。

5. 关于口语交际教学。口语交际能力是现代公民的必备能力。应培养学生倾听、表达和应对的能力，使学生具有文明和谐地进行人际交流的素养。口语交际是听与说双方的互动过程。教学活动主要应在具体的交际情境中进行。努力选择贴近生活的话题，采用灵活的形式组织教学，不必过多传授口语交际知识。鼓励学生在各科教学活动以及日常生活中锻炼口语交际能力。

6. 关于综合性学习。综合性学习主要体现为语文知识的综合运用、听说读写能力的整体发展、语文课程与其他课程的沟通、书本学习与生活实践的紧密结合。综合性学习应突出学生的自主性，重视学生主动积极的参与精神，主要由学生自行设计和组织活动，特别注重探索和研究的过程。综合性学习应强调合作精神，注意培养学生策划、组织、协调和实施的能力。提倡与其他课程相结合，开展跨领域学习。

三、课堂教学思路

通过优秀课例分享强化对新课程标准的学习理解，初步形成我们学校课堂教学的思路——自主合作探究的学习方式与有意义的接受性学习相辅相成。

（一）有意义的接受性学习

1. 转变观念，更新知识，钻研教材，不断提高自身的综合素养。

2. 创造性地理解和使用教科书，精心设计教学方案，灵活运用多种教学策略。

3. 语文教学要注重语言的积累、感悟和运用，注重基本技能的训练，给学生打下扎实的语文基础。坚持基础知识指导训练和学习方法总结。

4. 培养学生高尚的道德情操和健康的审美情趣，形成正确的价值观和积极的人生态度。

5. 积极开发课程资源，引导学生在实践中学会学习。（书法和国学经典阅读）

6. 语文教学应激发学生的学习兴趣，注重培养学生自主学习的意识和习惯，为学生创设良好的自主学习情境。

（二）自主合作探究的学习方式

小组合作学习建设：

1. 步骤：说清、说好、说深

2. 要求：人人有任务，后进生有人帮

3. 形式：质疑、反驳、创新

4. 拓展：由此及彼、举一反三

5. 措施：小组展示板小组竞赛台（对教师要求更高：课堂生成问题随机指导）。

构建成长课堂是指课堂教学应当更加尊重学生成长规律和知识的内在结构，让每个生命体的成长都能得到最大程度的唤醒和激发，让我们深刻领悟新课程标准要求，有效指导我们的教研和课堂教学，使学校成为每个师生健康成长的家园。

2012年4月

浅谈青年教师必备的素质

——青年教师岗前专题培训

教师队伍已渐向年轻化方向发展。在一些学校，青年教师挑大梁的现象屡见不鲜。对青年教师而言，最大程度地获取学生、家长、同事以及学校领导的认可和信任，不仅是他人对自己认同的表现，更是自身价值的体现。为了更好地让青年教师成长，有的学校还开展了“培青”工程，但在实际教学活动过程中，青年教师所面临的情况既复杂又多变，这就要求我们要兼备多种素质。

一、青年教师必备的素质

（一）要具备过硬的专业素质。

专业素质不仅指青年教师所具备的学历和文化程度，更多体现在教学水平上。教师的活动舞台在讲台上，能够给学生传授多少知识，怎样才能更好地把知识传授给学生，是当前衡量教师是否优秀的主要标准之一。青年教师工作热情、积极，能够较快地接受新鲜事物，在很多方面都和学生有着共性，因此深受学生的欢迎。但在涉及教学内容和效果的时候，得到学生、家长和学校领导的认可度往往不高。很多学校的毕业班或者所谓的“重点班”里几乎都是老教师，出现这种现象的原因除了大多数人寻求升学保障的心理因素之外，还有青年教师本身的原因。有些青年教师上课时神采飞扬，生动有趣，但学生听不明白也无法理解这和课本内容有什么关系，落实教学效果的时候情况更糟糕，其中原因就在于青年教师缺乏对教学技巧的研究，没有找到传输知识的有效途径，而这又和教学效果密切相关。因此，青年教师要在充分调查学生水平的基础之上，多研究教学方法和技巧，多研究教学中的知识目标，不断提高教学水平。

（二）要具备良好的协调管理能力。

教师在课堂上传授知识的前提是维持好课堂秩序。小学生普遍活泼好动，课堂上随时会发生各种各样的问题。如打哈欠、讲闲话、玩学具等，这些都是在课堂上屡见不鲜的现象。我经常看到一些青年教师向班主任抱怨，某某学生上课时又犯了什么样的错误。其实，我们大可不必烦恼，一个眼神、一个手势、一句话，都可以让这些问题迎刃而解。而现实中，很多教师有一种误解，认为管理是班主任的事情，其他老师上好课就行，在课堂上出现的问题是班主任管理不善，而自身却不想管或者管不了。所以，一旦出现问题，他们不是及时想办法解决问题，而是马上向班主任抱怨，让班主任来解决，当对班主任解决的问题不满的时候，甚至还以罢课威胁。殊不知这样也只能解决个别的问题，因为这样的次数多了以后，教师在学生心目中的威信会越来越淡化，甚至毫无威信可言，这种情况下，出现的问题会越来越棘手。因此，我们不但要敢于维护课堂秩序，还要掌握更多的技巧。

有些教师或许会认为现在的学生还小，其实，他们对身边的人和物都有自己的思想和见地。教师的举手投足，在不经意间已在他们的心中留下各种各样的印象。一位敢于面对问题并具备很好的解决问题能力的教师，不仅会获得学生的尊重，同时也在不知不觉中成了他们心中的偶像。

（三）要具备较好的处理人际关系的能力和沟通能力。

教学绝不是单方面的简单的行为活动，在教学活动中，还涉及多方面的复杂的人际关系问题。如教师和学生的关系，任课教师间的关系，教师和学校领导间的关系，教师和学生家长间的关系等等。只有处理好这些关系，才会有良好的教学环境。良好教学环境不仅可以让工作进行得更顺利，而且还有利于教师的身心健康。因此，青年教师首先就要学会主动和他人进行沟通。好的教学设想需要领导、同事的支持，还需要学生的理解。同事间出现意见分歧、师生间出现误会的时候，也需要调解交流和沟通。而在现实中，有部分青年教师过于突出强调自己的个性，而忽视了和他人的协调，当师生间出现误会的时候，首先想到的是学生应该先给老师道歉。当同事出现摩擦时，不去主动寻求解决之道，总是要等对方来和自己和解。其实，表达歉意不仅对尊严和个性丝毫不损，反而还会给他人留下心胸开阔、好相处等好印象。当然，人际关系的处理也是一门学问，是青年教师长时间的必修课。

（四）要有良好的心理素质和随机应变的能力。

不管是在教学中，还是在日常生活中，我们都会遇到一些或大或小的突发事件。面对这些突如其来的问题，既需要勇气，也需要智慧和经验。如教学楼拥挤时，有学生因为不小心从楼梯上摔下来；又如在实验室进行试验时，有些同学不小心将一些装有腐蚀性药品的试管或者广口瓶打破等等。一旦出现这些事情，如果不及时处理，那么很可能造成更大更多的伤亡事故。因此，青年教师平时就应该多学习一些日常突发事件的处理办法，多锻炼自己的心理素质。只有这样，在面对问题时，才能够保持冷静，及时并正确地处理好事情。

我曾听说过这样一件事：有一位年轻的女教师为了活跃课堂，打算在上课时给学生播放一段录音，当插头进入接线板的那一刹那，突然迸出了火花，同时还发出“哧哧”的声音。这位年轻的教师从未见过如此情况，手足无措。幸好，有一位胆大的男生，以最快的速度将插头抽出了接线板。如果不是这位胆大心细的男生，那么很可能会引发一场火灾。其实诸如此类的突发事件经常会在我们的生活或者课堂上出现。青年教师由于生活阅历和经验不够丰富，在面对这些问题时，首先在心理上已经产生恐慌，哪还有心思去思考该如何解决问题。每次当这些事件发生后，除了庆幸没有酿成大的灾难外，还应多加强学习，提高应对突发事件的能力。

造就一批高素质的青年教师，就是成就学校的明天。因此，很多学校非常重视对青年教师的培养。青年教师也应抓住这样的一些机会，多多学习，全面提高自身素质，方能成就自己，方能无愧于时代。

二、提高青年教师素质应把握以下方面

（一）心态积极。对人对事抱积极的心态，热心他人的进步与成长。在任何情况下看到好的方面，在遇到障碍时能够尽最大努力在困境中前行，鼓励其他人也保持积极心态。

（二）加强沟通。在与人交流的时候，采取有助于达成有效的双向交流的方式。能够就各种各样的问题与他人交流自己的想法和感受，能够以理解与同情的态度倾听学生的困惑，让每个学生都感到与教师进行吐露真情的谈话是非常愉悦和轻松的。

（三）值得依靠。对人心怀坦荡，善良真诚，始终履行对学生和他人的义务，以开放、坦诚与豪爽的方式与人交往。

（四）个人魅力。在工作中建立并保持与他人的积极互动关系，喜欢与他人

相处。有很多办法了解学生，通过与学生的互动和共同参与，获得学生的信任与欣赏。

（五）组织能力。有效利用时间，有计划、系统地开展工作，明确自己的当前工作，能够帮助学生合理安排、制定计划。能够思考自己的组织工作是否对学生有利。

（六）有责任心。表现出对学生以及对职业的责任感，自信且镇定自若，能够把握各种局面。有一个健康的自我形象。鼓励学生以积极的心态看待自己，呵护学生的自尊心，同时鼓励学生建立起积极的自我认识。

（七）激励人心。对于自己和学生应达到的标准与要求，满怀激情。理解个体的内在动机，知道什么能够激发学生的动力。建设性理解学生的感受。

（八）富于同情心。有爱心，理解他人，能够在情感上与他人共鸣。对他人敞开自己的想法与感受，鼓励他人也这样做。了解并理解学生的感受。

（九）灵活性。能够灵活调整计划与步骤，帮助他人实现目标。与学生和同事一道及时应对各种情景，使所有人都能以积极向上的心态前进。

（十）感觉敏锐。把每一名学生视为独特且有价值的个体。寻找学生之间的各种差异。能够迅速识别出学生的学习困难并提供个性化的帮助。

（十一）尊重价值。重视人类的价值与尊严，维护社会的价值观。努力在一个与自身信念系统一致的环境中工作，认识到以身作则的重要性和力量。

（十二）知识渊博。永无止境地探求知识。在自己的专业领域，紧紧跟上最新的发展，有整合新知的洞察力。能够以易于学生理解的方式向学生传授知识，同时保证知识原汁原味。

（十三）创造力。多才多艺，富有创新精神，以开放的心态接受新观念。努力通过各种技术与活动，使学生获得独特的、有意义的、全新的成长经历。

（十四）耐心。谨慎下结论。努力考虑到所处情景的各个方面，在最困难的情况下也要保持高度的公正与客观。相信只要有足够的投入与关照，困难总会得到解决。

（十五）幽默感。知道如何在紧张的情景中消除压力。以优雅的方式使用幽默，利用幽默在课堂上增进师生团结。

2013年9月

坚持立德树人　筑牢教育阵地

——关于加强教师思想政治建设专题培训

好老师要有理想信念、道德情操、扎实学识、仁爱之心，我们办好具有中国特色社会主义教育要把握好以下几个方面：一要始终坚持社会主义办学方向，二要坚持教育服务社会稳定和长治久安，三要把提升教育质量作为核心任务，新疆各族教师都要争做党和人民满意的好老师，做有历史责任感的好老师、做为人师表的好老师、做立德树人的好老师、做专业过硬的好老师。

一、学校办学的政治站位

（一）始终坚持社会主义办学方向

1. 坚定不移贯彻执行党的教育方针
2. 坚定不移巩固宣传教育主阵地
3. 创建学习型党组织，培养政治坚定好教师

（二）努力打造政治坚定、业务精良的教师队伍

1. 强化师德师风建设
2. 明确现代办学理念
3. 确立远大办学目标
4. 加强学校制度建设
5. 推进学校信息建设

（三）围绕立德树人推进德育工作

1. 形成“三自”“三全”德育工作新格局。

"三自"：学生自主管理，自主教育，自主发展。

"三全"：全员参与、全过程实施、全方位展开。

2. 开展多种形式民族团结教育。

3. 开展主题鲜明的道德讲堂。

4. 文化建设提升师生道德情操素养。

（1）举办校园文化"四节"提升多层次的校园文化品位。

（2）启动"主题园"工程构建学生乐园。

5. 丰富活动，践行社会主义核心价值观

开展认星争优做美德好少年活动，优秀红歌童谣传唱活动和"诵读美文感受快乐"经典诵读活动。

6. 科技创新活动欣欣向荣

7. 探索家校共育新途径

（1）特色家长会家校共受益

（2）家长开放日活动提升育子互动

（3）家庭教育工程稳步推进

（四）扎实开展教育教学

1. 树立现代科学课堂教学理念

"构建以价值为导向学生为主体"的高效课堂

2. 坚持四个有力措施

专家引领、同伴互助、自我研修、综合提升

3. 完善教学研究理论体系

（1）围绕一个培训主线

抓好校本培训提高教师业务水平，抓好教师业务水平，提高教育教学质量

（2）深化四个教研形式

理论学习、集体备课、主题教研、反思交流

（3）坚持"三杯两会一工程"

学科带头人模范杯、骨干教师创新杯、青年教师希望杯

"学科带头人研究会""骨干教师学习会""青蓝工程"

（4）明确六个专业提升：

品读经典，提升教师文化知识素养

三字训练，提升教师基本专业技能

小组研究，提升教师交流探讨能力

信息运用，提升教师资源整合能力

学习研修，提升教师教育理论素养

自我总结，提升教师工作反思能力

4. 大力推进双语教学

5. 课程建设保障学生全面发展

6. 搭建平台吸纳名师教学艺术

7. 课题研究多样化

8. 完善科学评价体系

三、存在问题及行动策略：

1. 部分教师政治意识和大局观念不够强，政治执行力不够强。

行动对策：

（1）明确学习目标，不断加强自身政治理论修养、作风修养和思想道德修养，增强政治意识、大局意识、责任意识和进取意识。

（2）完善学习制度，开展讲座式学习、研讨式学习、整改式学习，提高理论学习成效。

（3）强化阵地意识，紧紧依托课堂和教材，对学生加强社会主义核心价值观教育。

（4）细化学校控辍保学工作措施制度，层层签订目标责任书，严格管理。

2. 在如何深入指导师德建设和教育教学方面思考不够，部分年轻教师敬业奉献精神不强，专业教学能力不强。

行动对策：

（1）加强对教师“四好”“四有”教育，提高教师“自我净化、自我完善、自我革新、自我提高”的能力。

（2）通过推荐书目、推荐文章、专题讲座、专家报告等形式，带领干部队伍和教师队伍共同在学习中进步，在进步中提升。

3. 学校德育教育活动多，但思考研究不够。形式多，但创新发展不够。

行动对策：

（1）加强学习，在广度上有宽阔的视野，能与时俱进，与时代同步。

（2）依托德育课题研究，在德育实践过程中去发现问题、研究问题、解决问题。

（3）汇聚师生智慧，研究德育校本课程，完成德育教材研发。

4. 明确“以价值为导向，学生为主体，构建高效课堂”课程核心理念，但探索有效的课堂教学方法不足，学生分析和解决问题与交流和合作的能力有待提高。

行动对策：

（1）学校科研工作应坚持理念上升起来，工作上沉下去，在教学科研过程中，挖掘优秀教师智慧，发挥校级名师工作室作用，探索有效的课堂教学方法。

（2）在学校科研工作中应坚持以校为本，注重研究性学习，促进学科交融，丰富学校课程内容，提高学生分析和解决问题与交流和合作的能力。

（3）学校要根据本校所处具体的地域特点和环境特色，开发乡土教材和具有地方特色的校本教材，努力将传统文化和现代精神结合起来，形成各自的校园特色文化，体现学校深厚的文化底蕴和与时俱进的创新精神。

“潮平两岸阔，风正一帆悬”。学校将继续在上级领导的大力支持下，全面落实学校三年规划，团结协作，锐意进取，发扬谦虚谨慎、求真务实、与时俱进的工作作风，不断地提升学校办学思想内涵，为实现“全市示范、新疆一流、全国知名”的发展目标而努力奋斗。

2015年9月

浅谈身正为范

——关于师德师风校本专题培训

常说教师必须“身正为范”“学高为师”，我们总把“身正为范”放在首位。上海市教育考试院副院长刘昌曾说过这样一段话：教师是教书育人的神圣职业，这一职业十分重要，如果没有先进、主流的教育思想来教育年轻一代，很难让一个民族、一个国家强大起来。教师的水平体现在学历、能力和师德三方面，但最主要的是师德。华东大学的教授李芝章认为：教师所从事的职业是教育人、塑造人的事业，因此，教师道德素质比文化素质更为重要。师德，是教师工作的精髓，可以用“师爱为魂，学高为师，身正为范”概括其内涵。

一、如何做教师——对师德的再认识

师德，应该是一种“入境无语”的品德熏陶。教师的道德养成是良好教育发展环境下的自觉体认，就好比风景绝佳之处，空气自然会清新怡人。教师的思想道德境界离不开真实的教育发展环境。有句话说得好,教育家不是说出来的，而是做出来的。师德的形成也是如此，一切对教师职业道德的守望，都应是在教师期待生命美满的“修”和“养”中获得的。

第一，教师要自觉创造教师职业内在的尊严与幸福。

第二，教师的道德成长不是仅靠制度的约束来实现的。

第三，教师要在真实的道德冲突中实现道德的发展。

第四，教师的道德品格源自教师精神世界的富有。

第五，师德建设重在激活教师欣赏教育美的感官和心灵。

总之，在重新讨论师德时，应秉持一个基本的认识，就是师德首先是“人”的师德。哲学家康德曾说过，人是两个世界的公民。一个是日常的经验世界，即自然世界；一个是灵魂和精神的世界，即自由世界。我们应看到，每个人都

会受这两个世界的影响，教师也不例外。这样，我们会从对师德以及教师职业的诸多“误解”中走向更多“理解”，从而赋予教师真正内在的尊严、幸福感和生命价值。这时的教师，才不是一个“教书匠”，而是一部活生生的、具有教育力量的教科书，能够传授给学生许多无法物化在书本中的人生智慧。

二、做怎样的教师——对师德的再实践

第一，师爱为魂。首先必须热爱教师事业，热爱所教学科及所从事的具体工作，爱所教的每一位学生。“师爱”是教师对学生无私的爱，它是师德的核心，即“师魂”。从爱学生的角度讲，教师要做学生的良师益友。教师要用爱心去开启学生心灵的窗户，用爱倾听每一个孩子心底的声音，教师是学生一生中最信赖，最崇敬的人，学生渴望老师对他们的爱，渴望尊重他们，爱应当从尊重开始。

第二，善待为本。教师要有正直的人格、人品，弘扬高尚、正义、真善美的价值观念，把正直宽容、不骄不狂视为做人的准则，树立良好的师德风范。关爱每位学生，理解学生，明察秋毫，公正地解决问题。

第三，以身作则。教师应当成为学生的表率，成为学生的良师益友，成为全社会文明的楷模，教师能给学生一种人格上的魅力，如果没有，他就不算是一位真正的人民教师。

第四，依靠集体的力量。教师要善于寻求集体的力量，以开朗、乐观的性格、默默无闻的奉献精神等赢得集体的认同，依靠团队实现自我价值。

第五，学高为师。教师对某一学科知识丰富、业务精通、治学严谨、注重创新，这也是师德不可或缺的组成部分。教师还应该有较强的口头表达能力与文字表达能力，尤其是板书设计和粉笔板书水准，俗话说“善教者善言”，就是这个道理。教师在教学过程中，具备坚实的基础知识、精深的专业知识和较高的学术水平，能使学生产生一种信赖感，进而转化为一种很强的人格力量，去激励、鞭策学生。

雨果曾说过：“花的事业是尊贵的，果实的事业是甜美的，让我们做叶的事业吧，因为叶的事业是平凡而谦逊的。”教师就像那默默奉献的绿叶，时时刻刻衬托着鲜花的娇艳。“十年树木，百年树人”，踏上三尺讲台，也就意味着踏上了艰巨而漫长的育人之旅。“师者，所以传道、授业、解惑也。”教师的品德和素养是教师发展的一个重要前提，只有对“怎样做一名教师”这一问题有深刻的认识，才能对自己提出更高要求。

2016年10月

新课改背景下中小学教师专业化发展模式的思考

——“少教多学”课题推介会专题发言

新一轮基础教育课程改革的理念和策略是倡导全面和谐发展的教育，重建新的课程结构，体现课程内容的现代化，形成正确的评价观，促进课程的民主化与适应性。

一、我们面临的新挑战

1. 教师角色内涵的转变

（1）由传授者变为组织者：营造平等、宽松、和谐的课堂氛围，创设引导学生主动参与教学环境，激发超强记忆力和想象力。

（2）由权威者变为帮助者：利用课程资源走向自然、生活、社会，尊重个性差异，培养态度能力的积极性。

2. 课程内容现代化

“互联网+”教育生态系统，虚实结合的智慧学习空间，都要求教师要全面更新自身素质、教育教学研究能力和创新精神，提升学术水平，拓宽学术视野，在知识价值的理解上，体会知识的生活价值及学生人生成长的重要意义。

3. 更新观念转换角色，积极参与课程建设和开发，打破学科封闭，深入开展活动，课程、综合课程、选修课、研究课等领域的学习研究，超越学科局限实现学生人生价值引领。

二、教师专业化发展模式

新课改要求教师积极参与课程改革，成为课程的研究者和开发者，以研究者的心态置身于教学情境之中，以研究者的眼光审视和分析教学理论和教学实践中的各种问题，对自身的行为进行反思，对出现的问题进行探究，对积累的经验进行总结，使其形成规律性的认识。教师专业化发展模式强调“做中学”，是指不是脱离教学实际的研究，而是为解决教学中的问题所践行的研究，是在行动中的研究，即这种研究是在教学的活动中进行，是对教师的教学活动、教学行为的研究。“做中学”就是行动研究，把教学和研究有机融为一体，它是教师持续发展的基础，是提高教学水平的关键，是创造性实施新课程的保证。目前“做中学”培训模式有导师引领模式、课题带动模式、课程开发模式、行动研究模式等。我们现在面临的困境是缺乏理论学习和导师引领，课题研究，课程开发能力不足。

三、聚焦教师核心素养

今天的教育和教师不生活在未来，未来的学生将生活在过去。现在的“好老师”究竟是什么模样？请你对照以下问题对标思考：

你能否从学生的眼睛里读出愿望？

你能否让学生在课堂上擦出思维的火花？

你能否引导学生感受发现的惊喜？

你能否与学生的精神脉搏一起欢跳？

你能否给学生以启迪，唤起他创造的力量？

现在的“好老师”究竟是什么模样？

一是应具有广博精深的知识素养，教师的学科素养应为首要素养，教师应具有课程设计与创生意识，在本学科、超学科、跨学科方面生成情感，提升素养。

二是应具有积极正向的情感素养，爱是教师最基础的素养，责任心对老师尤其重要，“立德树人”是教师需要坚守的不变追求。

三是应具有发展创新的能力素养，教师创新素养是培养学生创新能力的前提，教师应学会理性思考、感性表达，教师应具备有效沟通与反思能力，教育行为中做到见人、见事、见思想。

新时代对教师提出了新要求，每一位教师都需要发展，不是因为我们不够优秀，而是因为我们可以更加出色，让我们同心向前。

2017年3月

课堂深度转型之下对课程标准解读及教材分析的把握

——关于课程改革的校本专题培训

随着时代的发展，教育要努力构建符合时代精神的思维方式，这就是数码思维方式：研究性、创造性、创新性、自信力、同情心、好奇心、想象力和独立思考能力、批判挑战精神，教育的核心任务是要培养思考者、交流者、批判者、探索者、终身学习者。

一、教师角色内涵的转变

教师要由传授者变为组织者，要努力营造平等、宽松、和谐的课堂氛围，精心设计问题，创设引导学生主动参与教学环境，激发超强记忆力和想象力；教师要由主导者变为引导者，引导学生质疑、探究、发现，主动而富有个性地学习。

二、课堂形态主体地位的变化

教学理念的变化体现在突出学生的主体地位，教师从演员到导演，彰显课堂转型；体现在改变方向，学科跨界、融合、选择分层，彰显对教育的回归；体现在释放天性，符合孩子的认知规律；体现在符合人性，调动学生主体能动性,改变以前只见物不见人的意识。例如北京中关村三小的国际合作项目——3.0学校《真实的学习》，遵循开放、实践、探究的理念，课堂形态从“教”到“玩”是理念的转变，主体地位是学生，从被动“接收”到主动“构建”，从告知性到自动探索，从听中学到做中学。

我们在不断转变观念的同时要避免走入误区，例如缺乏高认知的高参与，对话变成问答，有活动却没体验，合作有形式而无实质，课堂有温度而无深度，有探究之形，无探究之实，强调学生自主建构却忽视教师的精神价值引领，强调对学生的尊重与赏识，却忽视对学生的正面教育。我们的教师应具有课程设计与创生意识，抓好本学科，关注超学科，落实跨学科，全方位引领学生生成情感，提升素养。

三、加强深度教研的具体措施

1. 明确教研的方向，提升教研质量。面对教育现代化的迅猛发展，我们学校的教研工作要做到对知识拓展、学科素养、情感情趣的深度研究思考，加强对课程标准解读及教材分析的把握，从知识本位到人文、自主、社会等方面认真研究课程标准，研究教材，研究学法，深度反思如何从学科本位到学科整合。

2. 在教学实践中认真去落实。加强教材分析考量，把时间交给学生，主动权交给学生，方法交给学生，探究权交给学生，评价权交给学生，课堂上要做到保障学生学习思考时间、加强学习方法培养、注重精神价值引领，并通过校本课程、学科专长和主题活动落实。《义务教育语文课程标准》指出阅读教学是学生、教师、文本之间平等对话的过程。从学生的生活体验和已有的知识出发，创设民主、平等、和谐的对话氛围，从而引导学生积极自主地去朗读、去感悟、去探究、去积累、去运用。

3. 加强情感、态度、价值观教育。我们要以社会主义核心价值观为育人目标，培养学生自信力、同情心、好奇心、想象力、独立思考能力、批判挑战精神。《义务教育英语课程标准》指出通过英语学习使学生形成初步的综合语言运用能力，促进心智发展，提高综合人文素养。综合语言运用能力的形成建立在语言技能、语言知识、情感态度、学习策略和文化意识等方面整体发展的基础之上。

让我们重温教育家魏书生的真知灼见：教师不替学生说学生自己能说的话，不替学生做学生自己能做的事，学生能讲明白的知识尽可能让学生讲。活的人才教育不是灌输知识，而是要将开发文化宝库的钥匙交到学生手中，培养人格、启迪智慧，传承祖国优秀文化，净化精神世界，激荡爱国热情，增强爱国情怀，培养审美情趣……

2017年5月

中国传统文化进校园

——库尔勒市教师继续教育专题培训（一）

文化是人类精神活动和实际活动的方式及其物质与精神成果的总和。由于人们生活实践的复杂多样，文化也相应地具有不同的内容、形式和层次。作为世界四大文明古国之一，早在数千年以前，中国就以独具特色的黄河文化而闻名。其后经过炎黄子孙长期的创造和积淀，中华文化愈发丰富多彩、博大精深，其成就、其影响，举世罕见。

一、中华传统文化的基本概念

中国传统文化是指居住在中国地域内的中华民族及其祖先所创造的、为中华民族世世代代所继承发展的、具有鲜明民族特色的、历史悠久、博大精深的传统优良文化。

二、中华传统文化的基本内容

中国传统文化主要包括传统习俗、传统建筑、传统文艺、传统思想等。

1. 传统习俗：传统节日有除夕、春节、元宵、立春、寒食、清明、端午、七夕、中元、中秋、重阳、冬至、腊八等为代表，其间有各种礼仪和习俗……

2. 传统建筑：以长城、牌坊、园林、寺院、钟、塔、庙宇、亭台楼阁、井、民宅等为代表的各具民族传统特色建筑。

3. 传统文艺：主要指古代文学、传统戏曲、绘画、乐器等。其中以“琴棋书画”为代表，“琴”主要指笛子、二胡、古筝、萧、鼓、古琴、琵琶等，有十大名曲《高山流水》《广陵散》《平沙落雁》《梅花三弄》《十面埋伏》《夕阳箫鼓》《胡笳十八拍》《汉宫秋月》《阳春白雪》《渔樵问答》；“棋”主要指中国象棋、中国围棋等，主要元素有棋子、棋盘、对弈；“书”主要指中国书法、篆刻印章、木版水印、甲骨文、钟鼎文、汉代竹简、竖排线装书等，主要元素有文房四宝（毛笔、墨、砚台、宣纸）；“画”主要指花鸟画、山水画、写意画等。十二生肖有鼠、牛、虎、兔、龙、蛇、马、羊、猴、鸡、狗、猪。传统文学的经典有先秦诗歌、汉赋、唐诗、宋词、元曲、明小说等。

4. 传统思想：指传统理论观点，学术思想和道德观念等，其中诸子百家提倡仁、义、礼、智、信、忠、孝、悌、节、恕、勇、让；儒家讲究中庸，以孔子《论语》、孟子《孟子》、荀子《荀子》为代表；道家以老子、庄子为代表，尊崇道德、无为、逍遥；墨家提倡兼爱非攻，以墨子《墨子》为代表；法家有韩非、李斯及《韩非子》为代表；名家以邓析、惠施及《公孙龙子》为代表，阴阳家有邹衍，研究五行——金木水火土；纵横家有鬼谷子、苏秦、张仪，代表作有《战国策》；杂家有吕不韦等，另有农家、小说家、兵家、医家等。宗教哲学的代表有佛、道、儒等，代表元素有烧香、拜佛等。民间工艺有剪纸、风筝、中国织绣（刺绣）、中国结、泥人面塑等。中华武术有少林拳、醉拳、咏春、太极等。地域文化包括中原文化、江南文化、塞北岭南、蒙古草原等。

三、学习中华传统文化的推荐书目

《中华民族》《中国历史名人》《中国语言文字文化》《中国宗教文化》《中国宗法礼俗》《中国世界遗产》《中国姓氏文化》《中国国学思想》《中国传统道德》《中国古代商贾贸易》《中国图腾文化》《中国古建筑文化》《中国园林文化》《中国古桥文化》《中国名山文化》《中国文化名城》《中国中医药》《中国茶文化》《中国酒文化》《中国陶瓷文化》《中国丝绸文化》《中国服饰文化》《中国书法文化》《中国绘画文化》《中国文化名镇》《中国民乐文化》《中国民间艺术》《中国曲艺文化》《中国戏曲文化》《中国养生文化》《中国武术与传统体育》《中国民俗文化》《中国龙文化》《中国数字文化》《中国色彩文化》《中国饮食文化》《中国神秘文化》《中国古代文学经典名篇》《中国性文化》《中国钱币文化》《中国文史典籍》《中国科技与发明》《中国天文历法》《中国度量衡器》《中国皇室文化》《中国古代官职》《中国科举教育》《中国法律刑罚》《中国宫室车马》《中国衣食什物》《中国古代军事兵器》《中国传统文化概论》等。

四、中华传统文化的基本特点

中国传统文化中自强不息、厚德载物、忧国忧民、以德化人、和谐持中等思想，对当前的素质教育有借鉴意义。

1. 自强不息的奋斗精神。为了与天地斗争，中国人民从来就不肯轻易认输，总是不屈不挠地抗争。《易传》总结为"天行健，君子以自强不息"，正是这种自强不息的奋斗精神支撑着中华民族的发展，激励着中华儿女在困境中崛起，在逆境中奋进，永不屈从于外来的压迫。自强不息还体现为一种自立和自尊的人格特征，形成中国人讲名分、重气节的民族精神。正如孔子曰："三军可夺帅也，匹夫不可夺志也。"孟子道："富贵不能淫，贫贱不能移，威武不能屈，此三谓大丈夫。"这使得人们追求一种独立完善的人格，这种美德流传下来，成为人们为国家、为民族奋争的精神力量，并推动着社会的发展。

2. 忧国忧民的忧患意识是中华民族传统文化的重要组成部分。从孔子的"诗可心怨"到范仲淹的"先天下之忧而忧，后天下之乐而乐"，再到顾炎武的"天下兴亡，匹夫有责"都打上了这种忧患意识的烙印，从岳飞的"笑谈渴饮匈奴血"到文天祥的"留取丹心照汗青"，这种忧患意识就是一种爱国精神，体现了以天下为己任的高尚情怀。

3. 包容万物的宽厚之德。中华民族传统文化的一大特色就是厚德载物。如战国时代，齐桓公开创的稷下学宫汇集了当时儒、墨、道、法、阴阳、名、纵横等诸家学派，当时在稷下学宫讲学和游学的大师有淳于髡、邹衍、田骈、孟子、荀子等诸子，号称诸子百家。这些大师在学宫里自由讲学、自由辩论，开创了我国文化史上百家争鸣的先河，为中华文化的继往开来做出了巨大贡献。一般认为，从汉武帝开始，我国便形成了儒家文化占主导地位的文化局面，但实际上我国文化发展史主要是以儒道互补为基本线索的，而这一线索本身就体现了文化的兼容性。

4. 以德化人的高尚风范。春秋时期的大政治家管仲曾把道德与国家的存亡联系起来，把礼义廉耻提高到国家兴亡的高度，大思想家孔子则更是以礼释仁，认为"仁"与"礼"是相互制约、相互统一的，而"仁"与"礼"的统一就是德，孔子所强调的"德"，一是指统治阶级的统帅之德，要求以此德来统治百姓，拥有百姓。二是指感化之德即伦理之德，以此德来感化百姓，保持和谐。这种崇德思想不断发展和泛化，并在家庭伦理中得到完全的体现，这使得我国古代在文化传递和教育过程中始终把道德放在第一位，如孔子进行教育的内容是礼、乐、射、御、术、数，他把礼放在首位，这是崇德思想在教育活动中的典型反映，这一思想的目的是主张以德化人，利用道德的作用和力量来寻求家庭伦理的和谐，寻求社会政治秩序的一致和整个社会秩序的稳定。

5. 和谐持中的思想境界。中国传统文化的最高境界就是和谐，即认为每一个事物都应按照其自身的规律自然地发展。这其中包括人与人的和谐、个人自我身心的和谐及人与自然的和谐。人与人的和谐就会促使社会稳定，家庭和睦，个人身心间的和谐就能使人做到遇事宠辱不惊，进退有据，人与自然的和谐就能互得其利，持续发展。儒家所讲的“修身、齐家、治国、平天下”，其最终目标主要是要达到第一种和谐，而佛教、道家则侧重于后两种和谐，道家的“道法自然”的思想对我们今天学习正确处理人与自然的关系，保护环境尤有借鉴意义。中国传统文化还认为，要达到上述的 3 种和谐，就必须坚持 " 中庸 " 之道，即做事要适可而止、恰到好处，反对走极端。

在人类历史的长河中，中华民族的祖先用劳动和智慧创造了光辉灿烂的文化。中华文化，源远流长，延续不绝，一直影响到今天的生活，继承和弘扬中华传统文化，是凝聚中华民族力量的客观要求，是建设有中国特色的社会主义物质文明和精神文明的现实需要。

四、国学简介

国学兴起于二十世纪初，而鼎盛于二十年代，八十年代又有“寻根”热，九十年代“国学”热再次掀起遂至今，无不是今人对于传统文化的反思与正视。于今而言，则正是对传统文化在今日中国乃至世界多元文化中的重新定位。

“国学”一词，古已有之，《周礼·春官·乐师》:“乐师掌国学之政，以教国子小舞。”孙诒让《周礼·正义》:“国学者，在国城中王宫左之小学也。”周代的“国学”只是国家所办的“贵族子弟学校”，此后朝代更替，国学逐步由小学演变为高等学府。到了清末，国学成为国家最高层次的学校。“庚子义和团一役以后，西洋势力益膨胀于中国，士人之研究西学者日益众，翻译西书者亦日益多，而哲学、伦理、政治诸说，皆异于旧有之学术。于是概称此种书籍曰‘新学’,而称固有之学术曰‘旧学’矣。另一方面,不屑以旧学之名称我固有之学术，于是有发行杂志，名之曰《国粹学报》，以与西来之学术相抗。‘国粹’之名随之而起。”（王淄尘《国学讲话》，世界书局于 1935 年）1901 年，梁启超在《中国史叙论》中提到“国粹”一词。1902 年秋,梁启超写信给黄遵宪提议创办《国学报》，“以保国粹为主义”，使用了“国学”一名。几个月后，梁启超又撰《论中国学术思想变迁之大势》，多次提及“国学”。章太炎则于 1906 年 9 月在东京发起“国学讲习会”，不久又在此基础上成立了国学振起社，其“广告”云：本社为振起国学、发扬国光而设，间月发行讲义，全年六册，其内容共分六种:（一）诸子学；（二）文史学；（三）制度学；（四）内典学；（五）宋明理学；（六）中国历史。至此，“国学”一词在中国也完成了由“国家设立的学校”向“我国固有的文化、学术”意义的转变。胡适认为：“中国的一切过去的文化历史，都是我们的‘国故’；研究这一切过去的历史文化的学问，就是‘国故学’，省称为国学”。胡适由于当年在学术界的地位很高，因此他的观点影响范围最广，现代一般人对“国学”的理解，大多沿革于胡适。

“国学”一说，产生于西学东渐、文化转型的历史时期。而关于国学的定义，严格意义上，到目前为止，学术界还没有给我们做出统一明确的界定。名家众说纷纭，莫衷一是。普遍说法如国粹派邓实在 1906 年撰文说：“国学者何？一国所有之学也。有地而人生其上，因以成国焉，有其国者有其学。学也者，学其一国之学以为国用，而自治其一国也。”（《国学讲习记》，《国粹学报》第 19 期）邓先生的国学概念很广泛，但主要强调了国学的经世致用性。一般来说，国学是指以儒学为主体的中华传统文化与学术。国学既然是中国传统文化与学术，那么无疑也包括了医学、戏剧、书画、星相、数术等等，这些当然是属于国学范畴，但也可以说是国学的外延了。国学以学科分，应分为哲学、史学、宗教学、文学、礼俗学、考据学、伦理学、版本学等，其中以儒家哲学为主流；以思想分，应分为先秦诸子、儒道释三家等，儒家贯穿并主导中国思想史，其他列从属地位。

国学以《四库全书》分，应分为经、史、子、集四部，但以经、子部为重，尤倾向于经部。

【经部】

《尔雅》《公羊传》《穀梁传》《论语》《礼记》《诗经》《孝经》《仪礼》《周礼》《周易》《左传》《孟子》《尚书四书章句集注》《韩诗外传》

【史部】

《史记》《三国志》《晋书》《宋书》《南齐书》《梁书》《陈书》《魏书》《北齐书》《周书》《隋书》《南史》《北史》《旧唐书》《新唐书》《旧五代史》《新五代史》《宋史》《辽史》《金史》《元史》《明史》《清史》《稿汉书》《后汉书》《新元史》《资治通鉴》《续资治通鉴》《战国策》《贞观政要》《荆楚岁时记》《逸周书古列女传》《徐霞客游记》《大唐西域记》《唐才子传》《通典》《东观汉记》《前汉纪》《后汉纪》《华阳国志》《洛阳伽蓝记》《唐会要》《唐律疏议》《吴越春秋》《越绝书》《竹书纪年》

【子部】

道家、兵家、儒家、法家、杂家、世情小说、历史演义、历史小说、志怪小说

【集部】

《全唐诗》《全宋词》《李太白全集》《乐府诗集》《文心雕龙》《王右丞集笺注》《楚辞》《楚辞补注》

【蒙学】

《千家诗》《百家姓》《千字文》《三字经》《声律启蒙》《增广贤文》《弟子规》《笠翁对韵》

所谓蒙学，是对我国传统的幼儿启蒙教育的一个统称，与小学、大学并列，是我国传统教育中的一个重要阶段。目前，学术界所称的蒙学有狭义和广义之分，广义上讲，泛指古代启蒙教育，包括其教育体制、教学方法、教材等内容；狭义上讲，专指启蒙教材，即童蒙读本。古代，儿童“开蒙”，接受教育的年龄一般在四岁左右，现在也有一种观点认为，四岁恰好是儿童学习汉字的最佳年龄段。蒙学阶段主要采用的教材就是所谓的“三百千千弟子规”（《三字经》《百家姓》《千字文》《千家诗》《弟子规》）等，同时，在蒙学阶段也会让儿童接触“四书”（《大学》《中庸》《论语》《孟子》）等经典书目，为日后的学习打下基础。蒙学教育通常采用个别教育的手段施教，注重背诵与练习。蒙学教育的基本培养目标是培养儿童认字和书写的能力，养成良好的日常生活习惯，能够具备基本的道德伦理规范，掌握一些中国基本文化的常识及日常生活的一些常识。

五、回归学校文化本质

文化的基础是道德，具体到学校之中是指有大德、大道、大爱、大师、大精神。文化的核心是价值，指公平、正义、诚实、有信（是非、毁誉、得失、君亲恩、民物命、圣贤道）。文化的纽带是知识，体现在教学是传播知识，科研是创造知识，服务是运用知识，交流是交换知识，图书馆是收藏处理知识。文化的高度是思想，体现在文化是学校的厚度，思想是学校的高度。学校靠思想引领社会，推动时代发展。文化的融合是交流，使得差异得以展示，了解得以进行，沟通得以实现，融合成为可能。

六、传统文化进校园

立足自身：准确定位，突出特色

系统全面：蒙学为基础，校本可拓展

以人为本：尊重规律，立足兴趣

潜移默化：显隐结合，言传身教

持之以恒：扎实稳步，贵在坚持

《诗经》曰“如切如磋，如琢如磨”，这既是学问态度，更是人格态度。我们要把传承中国优秀传统文化工作放在更加重要的位置，把自觉延续中华优秀传统文化基因，升华为传承中国人民和中华民族维护民族独立和民族尊严的爱国主义强大精神动力，把中国优秀传统文化的学习升华为强化师生深厚的民族心、民族魂的具体行动。

2017年6月

《中国学生发展核心素养》专题解读及践行初探

——库尔勒市教师继续教育专题培训（二）

2016年9月13日，国家教育部发布《中国学生发展核心素养》，核心素养以培养“全面发展的人”为核心，分为文化基础、自主发展、社会参与三个方面，综合表现为人文底蕴、科学精神、学会学习、健康生活、责任担当、实践创新六大要素，具体细化为国家认同等18个基本要点。学生发展核心素养指学生应具备的，能够适应终身发展和社会发展需要的必备品格和关键能力，是关于学生知识、技能、情感、态度、价值观等多方面要求的综合表现。

一、核心素养基本内容

三个方面、六大素养、十八要素

文化基础人文底蕴：人文积淀、人文情怀、审美情趣

科学精神：理性思维、批判质疑、勇于探究

自主发展学会学习：乐学善学、勤于反思

健康生活：珍爱生命、建全人格、自我管理

社会参与责任担当：社会责任、国家认同、国际理解

实践创新：劳动意识、问题解决、技术运用

二、核心素养基本内涵

第一方面：文化基础。文化是人存在的根和魂。文化基础，重在强调能习得人文、科学等各领域的知识和技能，掌握和运用人类优秀智慧成果，涵养内在精神，追求真善美的统一，发展成为有宽厚文化基础、有更高精神追求的人。

1. 人文底蕴主要是指学生在学习、理解、运用人文领域知识和技能等方面

所形成的基本能力、情感态度和价值取向。具体包括人文积淀、人文情怀和审美情趣等基本要点。

2. 科学精神主要是指学生在学习、理解、运用科学知识和技能等方面所形成的价值标准、思维方式和行为表现。具体包括理性思维、批判质疑、勇于探究等基本要点。

第二方面：自主发展。自主性是人作为主体的根本属性。自主发展，重在强调能有效管理自己的学习和生活，认识和发现自我价值，发掘自身潜力，有效应对复杂多变的环境，成就出彩人生，发展成为有明确人生方向、有生活品质的人。

3. 学会学习主要是指学生在学习意识形成、学习方式方法选择、学习进程评估调控等方面的综合表现。具体包括乐学善学、勤于反思、信息意识等基本要点。

4. 健康生活主要是学生在认识自我、发展身心、规划人生等方面的综合表现。具体包括珍爱生命、健全人格、自我管理等基本要点。

第三方面：社会参与。社会性是人的本质属性。社会参与，重在强调能处理好自我与社会的关系，养成现代公民所必须遵守和履行的道德准则和行为规范，增强社会责任感，提升创新精神和实践能力，促进个人价值实现，推动社会发展进步，发展成为有理想信念、敢于担当的人。

5. 责任担当主要是学生在处理与社会、国家、国际等关系方面所形成的情感态度、价值取向和行为方式。具体包括社会责任、国家认同、国际理解等基本要点。

6. 实践创新主要是学生在日常活动、问题解决、适应挑战等方面所形成的实践能力、创新意识和行为表现。具体包括劳动意识、问题解决、技术应用等基本要点。

文化基础、自主发展、社会参与三个方面构成的核心素养总框架充分体现了马克思主义关于人的社会性等本质属性的观点，与我国治学、修身、济世的文化传统相呼应，有效整合了个人、社会和国家三个层面对学生发展的要求。

三、我们的反思

结合学生发展核心素养反思我们的教育行为，目前我们依然站在学科本位的位置，缺乏学科整合的意识，我们依然固守知识本位，没有更多地关注学科的人文性、自主性和社会性，没有更多的加强学生适应终身发展和社会发展需要的必备品格和关键能力。

四、我们的践行

践行之一——加强学校文化建设。学校文化是一所学校具有的优良传统、价值取向和行为规范的总和，是全体人员共有的精神家园（集体人格）。它是一种摸不着、看不见的精神氛围，是一种无所不在的自律遵循和行为指导。库尔勒市实验小学明确国雅教育目标，润养儒雅教师——是指“身正学高、举止优雅、善良包容、专业敬业”的教师，具有智者的明察、仁者的宽容、勇者的意志，其身正堪楷模；专业素养，其广博可润心；服务社会，其良知亲孤贫；培养文雅学生——是指品正业勤、文质彬彬、心灵手巧、生气勃勃的学生，其日有所长、情有所爱、慧有所托、志有所远、体有所健、行有所美、达于可能的最高；涵养高雅学校——是指学校应为大雅堂，应为兴科学之风、民主之气，求道理之真、人性之善、创造之美的国雅堂。这样的学校文化利于培养学生的人文积淀、人文情怀和审美情趣，增强社会责任感，提升创新精神和实践能力。

践行之二——加强学校课程建设。在教育迅猛发展的前沿趋势中，学校校长应具有课程设计与创生意识，引领教师从本学科至超学科再到跨学科，逐步走向学科整合、生成情感、提升素养。库尔勒市第一小学引进的“i课程”就是“我”课程，是为“每一个”孩子设计的课程，“i”四个显性含义是interesting（有趣的）individualized（个性化的）inventive（有创造力的）、internet+（互联网+），两个隐性含义：双语（英汉双语表述课程）和爱（i和爱谐音），既然是“有趣的”，就要让孩子喜欢；既然是“个性化”的，就要让我们的课程可选择；既然是“有创造力的”，就要凸显生成性；既然是“互联网+”，就要关注跨界思维，与技术的重要性相比，互联网思维、跨界思维更重要，“i课程”归根结底就是爱。

库尔勒市实验小学国雅课程1.0版中国传统八雅——以“琴棋书画诗酒茶花”培养师生善琴者通达从容、善棋者筹谋睿智、善书者至情至性、善画者至善至美、善诗者韵至心声、善酒者情逢知己、善茶者陶冶情操、善花者品性怡然。这样的课程设计注重培养学生掌握和运用人类优秀智慧成果，涵养内在精神，追求真善美的统一，发展成为有宽厚文化基础、有更高精神追求的人。

践行之三——加强教师师德师风建设，落实立德树人根本任务。在习近平新时代中国特色社会主义思想引领下，教师要不断加强自身思想政治修养的提升。2019年3月18日，习近平总书记在全国学校思想政治理论课教师座谈会上要求上好思想政治理论课，最根本的是要全面贯彻党的教育方针，解决好培养什么人、怎样培养人、为谁培养人这个根本问题。思政课教师要给学生心灵埋下真善美的种子，引导学生扣好人生第一颗扣子。具体要做到：第一，政治要强，让有信仰的人讲信仰，善于从政治上看问题，在大是大非面前保持政治清醒。第二，情怀要深，保持家国情怀，心里装着国家和民族，在党和人民的伟大实践中关注时代、关注社会，汲取养分、丰富思想。第三，思维要新，学会辩证唯物主义和历史唯物主义，创新课堂教学，给学生深刻的学习体验，引导学生树立正确的理想信念、学会正确的思维方法。第四，视野要广，有知识视野、国际视野、历史视野，通过生动、深入、具体的纵横比较，把一些道理讲明白、讲清楚。第五，自律要严，做到课上课下一致、网上网下一致，自觉弘扬主旋律，积极传递正能量。第六，人格要正，有人格，才有吸引力。亲其师，才能信其道。要有堂堂正正的人格，用高尚的人格感染学生、赢得学生，用真理的力量感召学生，以深厚的理论功底赢得学生，自觉做为学为人的表率，做让学生喜爱的人。

作为新时代的教育工作者，我们要坚持教育为人民服务、为中国共产党治国理政服务、为巩固和发展中国特色社会主义制度服务、为改革开放和社会主义现代化建设服务，努力培养培养德智体美劳全面发展的社会主义建设者和接班人，共同担当民族复兴大任。

2018年6月

走近教育大师——苏霍姆林斯基

——2018 年新教师入职培训

苏霍姆林斯基是乌克兰人民忠实的儿子，他的教育思想的根须深扎在人民之中，他努力发掘民众中蕴藏着的教育智慧，称之为“民间教育学”。他说，人民是活生生的，永恒的教育智慧的源泉。

启示之一：人的潜能具有无限丰富性。

苏霍姆林斯基小时候体质很弱，在同伴中不占体力优势，也显示不出自己的优秀和出色。他从小就有这样一种自我认识，所以他缺少自信，不太合群，不像别的孩子那样顽皮贪玩，而是爱沉思，喜读书，个性温和善良。他爱孩子，爱思考，真诚纯朴，沉静，腼腆，不张扬，不喜交际。人的各种性格都具有潜在优势，内向性格亦然。榎本博明的《内向所以成功》指出，内向者往往重视反求诸己，向内用功，注重自我修炼，开发生命潜能，提升生命境界；内向者多有内在坚守，一般不愿随流从众，往往有更多的创造性和坚持性。自我实现是人的最高层次的需要，是人生中的巅峰时刻，人的最珍贵的潜能是追求卓越，从自身实际出发选择道路是最大的人生智慧，苏霍姆林斯基正是聪明的自身潜能的开发者。

启示之二：一位教育家首先是一位真正的人。

苏霍姆林斯基从小就是一位好儿子、好学生，后来又成为一位好教师、好战士、好丈夫、好父亲、好校长、好公民。他是一位大写的人，真正的人，一位丰富而纯粹的人，一位全面和谐发展的人，他以短暂人生把人性之善和人性之美展示得如此充分，如此绚丽，使每一个接近他的人都能受到影响，都能增强对人性之善和人性之美的自信。他揭示了一位教育家的真谛：教育家不仅仅是技术专家，教学能手，不能仅仅是经师，更应该是人师。苏霍姆林斯基是以培养真正的人为目的，他自己就是一位真正的人。

启示之三：读书、思考、实践、写作是教育家成长的必由之路。

1. 读书。他一生酷爱读书，博闻强识，全校一到十年级的所有学科知识都了解，所有教科书的习题都做过一遍。他原来是一位文学教师，后来教过物理、化学、生物、历史等学科，他对教育学、生理学、心理学等学科的理论尤为精通。他通过读书遇到一大批精神导师，科尔恰克献身孩子的精神对他影响至深。他写道："我懂得了：要成为孩子真正的教育者，就要把自己的心奉献给他们。"他担任帕夫雷什中学校长后的第一件事就是搜寻战争孤儿。他要给饱受战乱之苦的儿童一个温暖的精神家园。他决心让孩子们远离各种恐惧，生活在阳光、欢乐与信任之中。对孩子们的爱，成了他教育生命之所系。

2. 思考。勤于思考是教育家成长的又一重要修炼。"真正的学校应是积极思维的王国"。他为了保证自己的思考不受琐碎事务挤压，特别为自己设立了思考的"时空特区"。法国作家罗曼·罗兰说过，任何一个作家都需要为自己筑造一个心灵单间。台湾大学老校长傅斯年格言："每天用二十一小时生活，用三小时思考"，台湾大学的"傅钟"每天只响二十一下，每天 5~8 点是他读书、思考、写作的时间特区。

3. 实践。注重以问题为前提的探索性实践，他说"没有问题就不会有思考""有一个问题一直在萦绕着我：怎样才能了解孩子，怎样做才能看清他们……""我一辈子都在绞尽脑汁，怎样才能使学生在接受人类精神财富时，能把它们转化为自己的思想，特别是形成自己的立场和观点""这一系列的问题搅得我心神不安。我们能像现在这样教孩子吗？我们能这样做吗？"正是这一个个接踵而至的问题，引导着他的探索性实践不断深入。

4. 写作。他的著作源于教育实践又能指导教育实践，被誉为"活的教育学"，他的著作通俗易懂，但毫不肤浅，校内外的师生和家长都是他的知心朋友，向他敞开心扉，使他的分析能直达人的灵魂深处，他的著作平实、明晰、亲切，丝毫见不到耸人听闻、故弄玄虚、装腔作势的影子。人如其文，他是一位能与读者推心置腹、倾诉衷肠的朋友式的教育理论家。

启示之四：任何一位教育家的成长都源于他坚定的人生信仰。

他的人生信仰无疑受时代精神的影响。乌克兰作家奥斯特洛夫斯基有一段名言："人生最宝贵的是生命。一个人的生命应当这样度过：当他回忆往事的时候，他不因虚度年华而悔恨，也不因碌碌无为而羞愧”。他能够说：“我的整个生命和全部精力，都已献给世界上最壮丽的事业——为人类的解放而斗争。”苏霍姆林斯基多次表示：“世界、大自然和美的生命是永恒的，而在这永恒的生命中，我个人只能活在大自然指定给我的那么一段时间。”“人并不是时间旋风中的一粒微尘，他是可以做到永垂不朽的。他能以自己公民的、社会的、智慧的创造流芳于世。”“让人的世界更美好”是苏霍姆林斯基不竭的人生动力。

教育不会有波澜壮阔的场景，更多的只能是春风化雨的滋养；教育不会有天翻地覆的变化，更多的只能是滴水穿石的功夫。其实每位教育家背后都是一部独特的奋斗史、创造史，都能给我们以不同的启示。教育家个体成长规律，并非现成地存在于他们的传记之中，而是在读者与之对话之中互动生成的。对话越深入，收获也就越丰富，越深刻。多读大教育家的传记，相信每一位以自己的眼光去阅读他们的读者，都能从中获得属于自己的发现与感悟。我愿分享心得，与各位共同滋养心灵。

2018年9月

怀一半诗心怀一半匠心做教师

——浅谈如何构建和谐师生关系

2019年3月18日，习近平总书记在全国学校思想政治理论课教师座谈会上发表重要讲话，最根本的是要全面贯彻党的教育方针，解决好培养什么人、怎样培养人、为谁培养人这个根本问题。

一、教师的使命担当

作为新时代的教育工作者一定要认真贯彻党的教育方针，要坚持马克思主义思想指导地位，贯彻习近平新时代中国特色社会主义思想，坚持社会主义办学方向，落实立德树人的根本任务。按照习近平总书记“四有好老师”的要求，做有理想信念、有道德情操、有扎实学识、有仁爱之心的好老师。要承担起“传播知识、传播思想、传播真理，塑造灵魂、塑造生命、塑造新人”的新时代重任，我们要有堂堂正正的人格，用高尚的人格感染学生、赢得学生，用真理的力量感召学生，以深厚的理论功底赢得学生，自觉做为学为人的表率，做让学生喜爱的人。

二、教师职业的幸福感现状

“幸福”是主观的，它是一种精神体验，也是对生活价值的评价，是一种持续时间较长的对生活的满足和感到生活有巨大乐趣并自然而然地希望持续久远的愉快心情，幸福是舒适感、成就感、满足感、愉悦感。亚里斯多德认为幸福是好生活——称心如意的、有成就、有满足感的生活。一个饿汉会用宝石交换馒头，因为馒头比宝石更让他幸福。现在有多少老师有职业幸福感？著名的哲学家、心理学家弗洛姆说：“职业倦怠是现代人的通病。”为什么不幸福？物质不充裕？全国优秀教师汪来九，在安徽一个贫困的山区，一待就是35年，在一人一校的情况下他创办了7级复式教学，培养了一批批优秀学子，教室当初是茅草房，如今是两间砖瓦房，物质上谈何富裕。但是汪来九老师说："我是幸福的。"价值得不得到认可？表面看是繁重的工作负担，沉重的心理负担，究其原因是师生间的冲突，同事间的矛盾，是上下级关系的不和谐。实质是专业发展滞后于社会需求，教育素养滞后于社会发展，根源是教师对教育的认识还很肤浅。我们应该要思考教书还是教书育人？为眼前还是求长远？讲课还是教学？教的是人还是木头？现在正是一个崇尚知识、尊重教师的时代，2018年全国教育大会提出"全党全社会要弘扬尊师重教的社会风尚，努力提高教师政治地位、社会地位、职业地位，让广大教师享有应有的社会声望，在教书育人岗位上为党和人民事业做出新的更大的贡献"。因此，不管你信还是不信，幸福就在那里，不是别人偷走了教师的幸福，是教师丢掉了自己的"蛋糕"。何其芳说："凡是有生活的地方都有快乐和宝藏。"教育事业蕴藏着快乐的巨大宝藏，只有愿意开采、喜欢动脑筋的人才能收获幸福。所以，幸福不是天上的"馅饼"，它是手中的"图画"，需要教师创造和描画。

三、如何增强职业幸福感

1. 激发事业心。把教师当作谋生职业和饭碗的人，很难享受到教书育人的快乐，事业心是教师获得职业幸福的前提。

2. 促进专业发展。专业发展是教师获得职业幸福的基础，因为课堂是幸福的来源，一堂课上得非常成功，心情会格外舒畅，可以细细咀嚼品味一番，因为这是明显的成就感。同时，学生发展是教师最大的幸福。徐特立老师曾经说过："教书是一种很愉快的事业，你越教就越热爱自己的事业。当你看到教出来的学生一批批走向生活，为社会做出贡献时，你会多么高兴啊！"

教师如何获得专业发展呢？陶行知说："我们做教师的人，必须天天学习，天天进行再教育，才能有教学之乐而无教学之苦。"一个教师要想有美满的生活，必须和知识的源泉通根水管，使得新知识可以源源而来，爱上学习、有时间学习。有些人做了几年教师便有倦意，原因固然很多，但主要的还是因为不好学，天天开留声机，唱旧片子，所以难免觉得疲倦起来。唯独学而不厌的人，才可以诲人不倦，要想把教师岗位站得长久，必须使他们有机会一面教，一面学，教到老，学到老，当然，一位进步的教师，一定是越教越要学，越学越快乐。

3. 加强与教师的沟通。教师的成功需要有效合作，在沟通、合作中感受自我价值、提升思想认识、业务水准。我们要促进教师沟通能力的提升，建构有效沟通机制、营造浓厚的教学研究氛围，与同行做到有效沟通，建立互助关系，在团队中沟通、合作、成长。有道是同事是三十年的交情，没有和谐的同事关系，哪来幸福的教育生涯。

四、如何构建和谐师生关系

1. 教育需要尊重差异。平等面对差异是规律，要尊重规律。教育家爱默森说过一句话：教育成功的秘密在于尊重学生。谁掌握了这把钥匙，谁将获得教育上巨大的成功。以爱动其心，以言导其行，严格的要求不仅仅是训斥，因为严格所以我就板着面孔，不！一样可以温柔地去表达，可以用尊重民主平等信任的方式来表达，这是一条教育原则。我们有一个老师，他们班数学考试，卷子发下来了，他进了班，表情很严肃："同学们，这次数学考试出来了，咱们班有几个得 100 分的，这几个同学站起来。"他说："看看，这就是我们班的光荣啊。""同样在一个班，居然有不及格的，我把不及格的名念一下，你们也站起来，让我们大家看一看他们的嘴脸。"接着，指着其中的一个孩子说："你为什么不及格？"孩子低着头说："我笨。"老师说："你就是笨，你是榆木疙瘩不开窍。"又指着另外一个孩子："你呀，脑子里装糨糊，找不到回沟。"这位教师明显是违背了教育的规律，因为教育的规律是承认差异。

2. 教育需要博爱的精神。教师需要对"问题学生"和弱智个体倾注更大的关怀，需要教师的心灵充满爱，需要我们更细腻一些，更人性化一些，只有这样，学生的心灵才能在学校温暖的怀抱里，在师爱的阳光中得到净化。

3. 教育需要与学生有效沟通。所谓教学相长就是体会共同发展的快乐，与学生沟通顺畅的基础是正确教育观。德国哲学家、教育家雅斯贝尔斯所说："真正的教育是一棵树摇动另一棵树，一朵花催开另一朵花，一片云推动另一片云，一个心灵唤醒另一个心灵。"陶行知先生的教育精髓是真心爱世界、真心爱教育、真心爱孩子，三个"爱"字是教育的精神和灵魂，体现了博大而又深切的爱。课堂是有效沟通的主阵地，教师与学生的思想情感沟通主阵地在课堂，好的课堂沟通需要基于正确教育教学观的科学方法。美国芝加哥一所幼儿园里的一堂科学课的内容是让孩子们认识人体骨骼，老师并没有拿着人体骨骼挂图来上课，而是首先问孩子们："人为什么会站？为什么会动？"孩子们叽叽喳喳开始讨论，老师又说："你们摸摸自己的骨头是什么样？把它画出来，然后再给大家讲"，孩子们画出了各式各样的人骨头，有的画得像棍子，他们说这是胳膊，有的画得像圆球，孩子们说是脑袋……老师把孩子们的骨头画挂在教室里，让每个人说出自己的想法，大家一起讨论。最后，老师才带他们去看银幕（幻灯片或人体挂图）上放映的人体骨骼，“喔，原来人体中的骨头是这样的啊！”

4. 注重与家长有效沟通。在教师工作的认识和评价方面，家长既是社会的代言人，也是教师工作质量的直接评价者，家长的信任、尊重和肯定意味着相信教师的教育能力、人格力量，是对教师辛勤劳动的承认和报偿，教师也不断在家长的信任和肯定中获得成功。目前，教师和家长之间沟通存在的主要问题是高高在上，话语霸权，教育权威，敷衍塞责。

下面分享一个主持人写的故事：“对学生来说，老师的赏识意味着什么？一个老师的批评会给学生带来什么样的灾难？我在上学时王老师教语文，也是班主任。我的第一篇作文被王老师大加赞赏，她尤其欣赏这一句：运动员像离弦的箭一样……后来才知道，这不过是个套路而已。但是，如果不是赞扬，而是一顿批评呢？孩子的自信心通常是被夸奖出来的。王老师教了我一年，移交给下一任老师时，她的评语是该生至今未发现有任何缺点。这为下一任老师修理我留下了把柄。这位年轻力壮的女老师一接手，就咬着牙根对我说，听说你红得发紫，这回我给你正正颜色。我倒也配合，大概是到了发育的年龄，我整天想入非非，经常盯着黑板发愣。数学老师把教鞭指向右边又指向左边，全班同学的头都左右摇摆，只有我岿然不动。于是，他掰了一小段粉笔，准确无误地砸在我脸上。数学老师说，你把全班学生的脸都丢尽了。从此我数学一落千丈，患上了数学恐惧症。高考结束，我的第一个念头是，从此再不和数学打交道了。38 岁生日前一天，我从噩梦中醒来，心狂跳不止，刚才又梦见数学考试了。水池有一个进水管，5 小时可注满，池底有一个出水管，8 小时可以放完满池的水。如果同时开进水管和出水管，那么多少小时可以把空池注满？”崔永元总结说：“对我来说，数学是疮疤，数学是泪痕，数学是老寒腿，数学是类风湿，数学是股骨头坏死，数学是心肌缺血，数学是中风……当数学是灾难时，它什么都是，就不是数学。所以我请求各位师长手下留情，您不经意的一句话、一个举动或许会了断学生的一门心思，让他的生命走廊中少开一扇窗户。”

5. 教育要有包容的心态。包容的关键是分清大小。“大”是指国家观念（对中华人民共和国、中国共产党、中华民族、中华文化的认同）、法律意识、公民素养（诚信、文明、有公德）、家庭观念（懂孝悌之义）等。陶行知说“你的教鞭下有瓦特，你的冷眼里有牛顿，你的讥笑中有爱迪生。你别忙着把他们赶跑。你可不要等到坐火车、点电灯、学微积分，才认识他们是你当年的小学生”。“小”是指青春期的标志，例如发型、着装、冲动、打架、谈恋爱、顶嘴等，小毛病有上课交头接耳、迟到等。

6. 教育要会换位思考。换位思考是一种思维方式，可以改变“惯性思维”，由于思维习惯、利益立场、时间仓促等原因，认知可能存在偏差和误区。例如，并非直接因果关系，经抽样调查，吸烟者感冒概率比一般人低，吸烟可以抵抗感冒？（可能是洗手、增加喝水、喝茶）。教师做思想工作如何换位思考呢？要体会对方的心理状态，了解所思所想，当前学生的心理状态是紧张？疑惑？迷茫？不满？要用关爱的方式去做工作，了解对方的诉求、核心利益、目的、秉性……讲道理，以理服人（解释为什么要这么规定），要因材施教，不要枯燥说教，讲案例，点拨道理。例如，爱国主义是思政课最好的切入点（类比法），以辩证观避免极端、片面的观点，多维度看问题，事物不是“非黑即白”，但要有底线红线意识。又例如，如何对待告密？“兼听则明，偏听则暗”。教师要学会讲道理，善于将大道理转化为中道理、小道理，采用案例教育法，言传身教，知行合一，言行传递价值观，杜绝两面性，因为你的言行传递着你的价值观。英国教育家洛克在《教育漫话》里说：“我们幼小时所受的影响，哪怕极小极少，小到无法觉察出来，但对日后都有着极其深远的影响和作用。学生的心灵，就如长长的胶卷，教师的一言一行，一举一动，都会在上面感光，留下永久的印迹。”

让我们怀一半诗心，怀一半匠心，做教师！所谓“诗心”同“师心”，是唤醒学生心灵深处的爱、良知和尊严，为他们播下良善的种子！所谓“匠心”同“师心”，是一颗纯粹的教育心，始终记得为了什么而出发，执着而笃定！亲爱的老师，愿我们历经时光洗礼依然心怀热忱，愿我们以匠心育人，也收获桃李芬芳；愿我们不改初心，也成就教育之美。

2019 年，愿我们心怀远方，把教育过成想要的模样！

2019年8月

论坛发言篇

△教育不会有波澜壮阔的场景，更多的只能是春风化雨的滋养；教育不会有翻天覆地的变化，更多的是滴水穿石的功夫。

△什么是教育质量？孩子的健康就是教育质量，孩子阳光就是教育质量，孩子发展就是教育质量。

更新理念　坚守本真　成就师生

全国第34届“向阳杯”洛阳校长论坛交流发言

一、更新教育理念

（一）现代教育发展迅猛。慕课、微课程、翻转课堂、民间私教、学科整合、创意课堂扑面而来，目前学校教育重视补短板，而社会重视长板，我们所处的“4c时代”是指竞争、变化、危机、创新，美国出版的《如何阅读一本书》和《教师阅读地图》值得我们认真阅读。

（二）加强课程改革建设。北京小学做出有效探索，大胆改革课程，开设四季课程“春之动、夏之静、秋之思、冬之品”，九星期穿插一个活动周，改每节课时长为30分钟，改进综合评价，创新学科作业，增加选修课，充分挖掘家长资源解决师资等，值得我们学习和思考。

（三）加强校园文化内涵建设。彼得·德鲁克说，管理不只是一门学问，还应是一种文化，它有自己的价值观、信仰、标准和语言。于光远说，国家富强在于经济，经济繁荣在于企业，企业兴旺在于管理，管理优劣在于文化。十年发展比经济，五十年发展比制度，一百年发展比文化。国民之魂，文以化之，国家之神，文以铸之。

二、坚守教育本真

（一）育人为本。教育的基本内涵是学生的成长成才，是学校工作的出发点和落脚点，教育的基本内容是关心每个学生，促进每个学生主动、生动、活泼地发展，教育的基本要求是尊重教育规律。

（二）尊重人的身心发展的特点。教育有顺序性、阶段性、不均衡性、个别差异性，教育是一种活动，教育是一项事业，教育是一门艺术，教育是一门科学，科学的意义在于求真。

（三）坚持有个性的教学风格。我们学校不以教学模式框住教师思维，立足课堂教学理念“以价值为导向，以学生为主体”，鼓励教师在教育教学中不断形成自己的个性特色，做到百花齐放。

三、共同成就师生

（一）推进课程建设。学校致力于完善课程管理，加强课程计划管理，课程标准管理，课程内容管理，校本课程管理，课程表管理，拓展课程内容，开设阅读、写字、数棋（改课时）、体育、音乐、美术（增内容），推进制度建设，增加《跟踪学生持续发展制度（中学、高中、大学）》《上下学与家长交接制度》。

（二）推进信息建设。学校致力于完善信息系统设施建设，安防系统、广播系统、电话系统、有线电视系统、网络系统、数字传输系统、班级视频系统均ab备用，开设班级网站、班班通、校园电视台、校讯通等加强信息技术应用。

（三）推进文化建设。学校致力于立足传承中华文化优良传统、价值取向和行为规范，与时俱进，注入创新元素，拟将开辟校园主题园建设，打造墨香苑、绽放吧、棋乐园、种植园、手工坊、攀岩墙等文化阵地。

我们要做到课内打基础，课外培特长，回归教育本真。让我们扪心自问“假如我是孩子，假如是我孩子”，让我们立足“教孩子六年，想孩子十六年，看孩子六十年”。

2014年4月

让教育理想植根梨城沃土

库尔勒市校长论坛交流发言

一、学习情况

2013年10月21日至12月20日，我作为自治区第四期中小学骨干校长高级研修班100名学员之一，在专题教育学习期间，以饱满的精神状态潜心学习。从政策法规、社会管理、民族宗教、现代文化、心理健康、教育理论、教学实践、参观名校、健康养生、体育锻炼、课题研究、信息技术、音乐文化等方面大量吸纳宏观理论和实践经验，通过疆内外知名教育专家高端报告，高强度大密度地领悟了教育前沿信息理念。通过同行交流展示校长对教育的真知灼见，共同探寻育人教育真谛。通过名校参观呈现学校办学的最佳境界和理想范本，顿悟和启示颇丰。

在外出考察学习期间，通过实地参观、观看专题片、摄影照相、交流讨论、互留联系方式等多种形式，学习借鉴云南昆明官渡实验小学、云南昆明金康园小学、广西南宁天桃实验学校、广西桂林榕湖小学、四川汶川八一小学、成都市实验小学的办学理念、治校之道、德育工作、教学管理、课程建设、学生活动、家校互动、资源开发、开放办学、特色展示、校园文化等方面，深感名校的治校严谨、底蕴深厚、效益显著令人敬佩，值得学习借鉴之处颇多，确实不虚此行。

二、学习研修收获

1. 校长专业化发展前提是抱有喜欢教育之爱。这是教育者对本职工作高度喜欢、执着投入、始终如一的一种积极情感。

教育之爱包括教师爱教育和教师爱学生，基础是秉持懂得教育之志，懂得教育的基本学理——教育是教育者对受教育者所进行的一种传授知识技能，培养思想品德，发展智力与体力的活动。懂得教育的永恒价值——社会发展之本，个人发展之基。懂得教育的基本规律——教育规律即教育与社会或教育内部各个构成要素之间的联系或关系。人的身心发展的特点——顺序性、阶段性、不均衡性、个别差异性。要了解国家重大教育方针政策，《教育部关于进一步加强中小学校长培训工作的意见》(2013.9)、《教育部关于建立健全中小学师德建设长效机制的意见》(2013.9)、《中小学教师资格考试暂行办法》(2013.8)、《中小学教师资格定期注册暂行办法》(2013.8)、《3-6岁儿童学习与发展指南》(2012)《中小学生学籍管理办法》(2013.8)、《教育部等关于做好2013年农村义务教育阶段学校教师特设岗位计划有关实施工作的通知》(2013.5)、《教育部等五部门关于2013年规范教育收费治理教育乱收费工作的实施意见》(2013.7)、《义务教育学校校长专业标准》(2013)、《教师专业标准》(幼儿、小学、中学)(2012)、《教育部关于推动普通高中多样化发展的若干意见》(2012)，联合国教科文的一本书上说：21世纪的文盲不是不能学习，而是不能持续学习的人。校长、教师、学生、学校、社会要通过读书以持续钻研而致术业专精，由外行变内行、由职业变专业的升华路径，持续学习而致学识渊博，形成术业有专攻的内在品质。

2. 校长专业化发展重在管理的顶层设计。教育管理的理论包括普通管理、教育管理、中小学管理等，有代表人物、典型主张、经典话语，通过办学思路、学校特色、教育理念体现管理的核心要素——规划、文化、教学、团队、内部管理、外部管理，科学的管理机制——民主、效率、激励、约束、问责、责任制，有效的管理方法——人本、道德、法制、制度、机制、情感(匹配得当)。作为教育管理者，我们要以勤于思考而致其品质内敛成熟，“纵向的思”指时间节点，过去与现在，昨日与今日，“横向的思”指计划与行动，发展与停滞，成就与失误，教师之间，学科之间，班级之间，关键是不断创新治教之道。作为校长专业系统的教育思想，首先表现为系统的办学思想，包括办学方针要为学生的一生发展奠基，治校方略指质量立校、科研强校、特色兴校、依法治校，学校特色体现“四适教育”(适时、适量、适性、适度)，教育理念要以学生为本、发展为基、素质为的。教育目标要促进学生身心的全面发展，实现教师专业的持续成长，发展氛围应是“天高任鸟飞，海阔凭鱼跃”。

3. 教育思想和教育理念的形成和提出是一个过程。这个过程的飞跃需要三个方面的努力，一是了解古今中外著名教育家的教育思想，如《中国教育通史》或《中国教育思想史》《外国教育史》或《外国教育思想史》等；二是把教育思想系统化；三是将生动的教育实践上升为理论。

4. 创新治教之道。内行校长抓课堂，外行校长抓门堂。时代在飞速发展，在全球迅速兴起的慕课始于 2011 年秋（慕课 mooc 的每个字母分别是指 M：大规模，O：开放，O：在线，C：课程），人们通过计算机和网络可以自由组合或网络互助，运用灵活方式免费学习社会学科和人文学科等，如数学、统计、计算机、自然、工程学等。慕课以规模大、内容广、开放、学习方便等特点被称为印刷术发明以来教育最大的革新，呈现“未来教育”的曙光，2012 年被《纽约时报》称为慕课元年。微课程起源于 2012 年，是国外的一个新概念，也称翻转课堂、可汗学院等，是供学生自主学习的教师授课的微视频，有明确的教学目标，内容短小，10 分钟以内集中说明一个问题。这些新兴的学习方式要求我们要摈弃传统思想，通过不断创新去适应迅猛发展的时代要求。

5. 管理能力卓越出色。小智者治事，大智者治人，睿智者治法。好的领导包括政治领导、专业领导、道德领导、法治领导，而有些领导新办法不会用，老办法不管用，硬办法不敢用，软办法不顶用。好的管理包括发展规划管理、学校文化管理、课程与教学管理、科研管理、制度管理、外部环境管理等，团队建设包括领导团队建设、教师团队建设、行政管理团队建设、后勤服务团队建设。

三、思考与实践

1. 学校文化建设至关重要。文化是学校的灵魂，具有弥漫性和内隐性，要通过校园文化建设，包括优化校园环境，营造文化氛围，形成积极向上、格调高雅的校园文化，让校园处处能育人。

2. 学校课程建设至关重要。我们要掌握课程定义——根据教育目的而选择的人类认识成果的精华及其传授进程；知晓课程类别——学科课程与活动课程、基础课程与核心课程、国家课程与地方课程、校本课程；了解课程文件——《小学课程标准》《初、高中课程标准》;完善课程管理——课程计划管理、课程标准管理、课程内容管理、校本课程管理、课程表管理等；加强教学管理——包括教学过程管理、教学活动管理、教学质量管理、教学制度管理、教学规范管理、教学评价管理、教学条件管理、教学研究管理、教学环境管理等。

知识育人基于课堂，文化育人基于活动。让我们以教育的理想办有理想的教育，以教育的品位办有品位的教育，以教育的本真办有本真的教育，以教育的情怀办有情怀的教育，以教育的兴趣办有兴趣的教育，以教育的责任办有责任的教育。

2014年1月

引领中明晰　收获中奋进

——全国第35届“向阳杯”抚顺校长论坛交流发言

伟大的教育家苏霍姆林斯基领导的帕夫洛夫学校是全世界教育工作者心目中的圣地，素以严谨、细致、高效著称的江浙、广东教育则是国内教育工作者心目中的圣地。在努力实现新疆校长专业化成长进程中，2014年11月23日至12月4日，巴州二中名校长工作室8位成员赴浙江、福建、广东等地学习。所到之处，学校校长分专题阐述前沿教育理论的真谛，受益匪浅，收获颇多，特此分享。

一、明确校长专业标准与使命

杭州萧山区第三中学校领导就国家教育部2013年3号《义务教育学校校长专业标准》进行科学系统阐述，从校长专业标准研制背景、校长专业标准主要内容、从专业标准看校长使命三方面使我们明晰新时代校长专业要求。校长专业标准的基本理念是“以德为先、育人为本、引领发展、能力为重、终身学习”。基本内容包括六大职责领域——规划学校发展、营造育人文化、领导课程教学、引领教师成长、优化内部管理、调试外部环境。三大个人要素包括理解与认识（信念与品德）、知识与方法、能力与行为，具体有六十项专业要求。通过学习，让我们清晰明确了校长使命就是坚定教育领导的道德使命——育人。卢梭说：教育不是强行把一些知识、能力从外面放到人这个器官里面去，只是提供一个良好的环境让人们正常的生长。教育是培养人的过程，是使人成为人的过程，优秀做人，成功做事，幸福生活。校长成长首先要认识学校大环境，促进学校环境的道德建设。其次认识自身特色，提高领导能力，再次熟悉内外事务，引领教学，终身学习，扬长避短，建立团队协同，共同发展学生，建设学校的目标。

二、明确课程建设价值及层次

认识课程是人才培养的核心载体，校长要与教师共同探索学校独具特色的课程体系，把课程建设作为建设专业成长的必经之路。课程建设分成三个层次，即：基础课程逐步校本化、拓展课程生本化（以学生的学习为本）、特需课程人性化。明白课改的不同价值取向，第一种取向是平稳至上，这是好听一点的说法，其实这类课改基本上是迫于无奈；第二种取向是效率至上，这种课改基于本学校的问题，学校负责人热切希望通过课程改革迅速改变学校面貌；第三种取向是发展至上，着眼于学生的发展、教师的发展、学校的发展。因为每个孩子的成长规律不完全相同，所以我们用大量的选择性课程，给每个孩子选择课程、走班选读的机会。学校将下午两节课都改成活动课，并设定每个科目的活动目标。比如，棋类课的目标是训练孩子们形成在中华文化格局下的大局观；比如今后要开设攀岩课等，让孩子选择攀岩的课程，培养孩子们的勇气、智慧、动作协调等。他敢于往上爬，敢于挑战自我，他的胆量、运动协调能力、心理品质，就一边玩一边得到了开拓，这也就是学校教育所追求的“身心健康”。通过课程建构关注每位学生的发展，鼓励学生去运动，参加自己喜欢的社团活动，发展各自的兴趣爱好，回归教育的本源。

我们希望自己是在教人，而不是教分数。分数的本身说明不了多少问题，但是人的根本素质，会通过各种各样的活动充分显示出来。通过校长专业标准与使命的学习，让我们更加明确：孩子健康就是教育质量，孩子阳光就是教育质量，孩子发展就是教育质量。

2015年5月

坚守教育理想　解放教师学生

——全国第36届“向阳杯”成都校长论坛交流发言

2016年4月，我作为第八期全国小学优秀校长高研班成员之一，有幸参加了北师大校长培训中心组织的《践行教育家办学理念与实践》的教育考察学习活动，走进了“数学王国”——江苏常州怀德小学，校园处处呈现“玩数学”的浓厚氛围，南京出版社社长沈本领教授点评学校的数学教学在现代虚拟中玩，在固定和拓展方面玩，达到了基本要求和个性化创造完美结合，建议学生自主学习形式再加强，有更多自主与选择性，可以尝试课上和课后玩打通、点连接。北师大校长培训学院陈锁明院长点评学校的数学课堂从“教”到“玩”是理念的转变，主体地位是学生，从被动“接受”到主动“构建”，从被告知到自动探索，从听中学到做中学，建议玩的层次做到分层考虑，玩的品质培养高贵品质（数学的美），玩的标准争取建构课程标准，达到从猜想到验证。

怀德小学近十年深入持久研究数学教学，从“教数学”到“玩数学”引发我的深入思考，教育人既要坚守，坚守教育理想，也要解放教师、课堂和学生，要加强教师队伍建设，研究专业概念，提升教师素养，又要有融合意识，加强各学科资源整合，提升学习素养。我们要做好转型，课堂形态主体地位的变化是教学理念的变化，突出学生主体地位，教师从演员到导演，彰显了对教育的回归。目前，我们已经组织教师开发各种校内外的课程资源，比如说，学校计划在校园内建一片植物园地，鼓励学生观察植物生长规律，还将去社区、农村建立学习基地，带学生走出校园，感受生活的丰富多彩。

《中国就业和教育：2030》指出，人工智能、智慧生产、智能机器人、生物技术基因工程将成为未来生产力的主体，教育核心任务是构建符合时代精神的思维方式，“学什么、怎么学、为什么学”让我们沉思，我们作为校长要静得下来，做到静、思、远；教育要慢得下来，不急躁、从容、思考；教育要沉得下来，研究学校的发展；教育要蹲得下来，用平等的理念，使师生共成长。

让我们以《周易杂卦传》中的“革故鼎新，与时偕行”共勉。

2016年5月

厚积薄发再起航

——第八期全国小学优秀校长高研班交流发言

我立足校长岗位近十五年，成长经历了三个阶段，从努力办好学校到重视发展教师再到真正以学生为本，通过三条成长路径——市本培训、实践成长、外出学习，一路成长发展，感悟颇多。

一、熟练掌握教育规律。

名校的治校严谨、底蕴深厚、效益显著令人敬佩，在办学理念、治校之道、德育工作、教学管理、课程建设、学生活动、家校互动、资源开发、开放办学、特色展示、校园文化等方面，值得学习借鉴之处颇多，让我越来越懂得教育的基本规律。列宁说，规律就是关系，教育规律就是教育与社会或教育内部各个构成要素之间的联系或关系，基本规律是教育与社会发展之间的联系或关系，即教育要适应并促进社会的发展。教育与人的发展之间的联系或关系，也就是教育要适应并促进人的身心发展，具体规律是要顺应人的身心发展的特点——顺序性、阶段性、不均衡性、个别差异性。

二、重视坚守与创新。

我在库尔勒市第一小学担任校长其间，传承和坚守三十年科技创新、三十年乒乓球训练、二十一年少年警校、二十年数学口算竞赛、十四年三杯教学竞赛、十四年“校园四节”、六年软笔硬笔书法，创新发展了语文学科的读书写字，数学学科的国际数棋、创客魔方、智力七巧板、算盘，科技学科的海模、航模、车模、建模机器人，体育学科的皮球、足球、篮球、乒乓球、羽毛球、排球六种球类训练，艺术学科的京剧、黄梅戏、越剧、豫剧等六种戏剧排练。

三、用心构建学校文化。

学校文化是一所学校具有的优良传统、价值取向和行为规范的总和，是全体人员共有的精神家园（集体人格），它是一种摸不着、看不见的精神氛围，是一种无所不在的自律遵循和行为指导。我坚持以人为本加强校园特色文化建设，本学年把学校历史传统、办学理念、指导思想、育人模式、行为规范、精神风貌、学术氛围凝练在校园文化展示之中；坚持尊重教师，关心教师，关注教师各方面的成长，建设教师休闲教研室，努力为教师营造温馨和谐的工作氛围；坚持校园文化建设与学生生活实际相结合，完成主题园建设（节气园、同心园、风采园、绽放园、棋乐园、种植园等），搭建学生快乐成长平台，构建和谐育人环境，全面提升学生素养。通过校园文化建设进一步贯彻落实新课程理念，解放思想，以人为本，尊重学生个性，并结合实际将校园文化建设作为重要营地和辐射源，对提升学校精神实质，展示学校精神内涵都有着至关重要的作用。

四、加强系统谋划和重点推进三个方面。

一是牢牢把握教育的正确方向。我们一定要在学校党建、教育教学改革中不断强化党的阵地意识，始终坚持马克思主义的指导地位，用马克思主义中国化最新成果武装师生头脑。全面贯彻党的教育方针，积极培育践行社会主义核心价值观。大力弘扬中华传统文化，加强革命传统教育、国家安全教育。着力培养学生的优良道德品质、家国情怀和责任担当，着力培养学生的健全人格和强健体魄，增强四个自信，使其能够自觉肩负起历史赋予的使命。

二是加快缩小教育差距。教育部党组成员副部长朱之文认为：具体到教育领域，不平衡问题集中体现为教育的“四大差距”，即城乡差距、区域差距、校际差距和群体差距。不充分的问题主要体现为教育质量有待进一步提高，教育的差别化、个性化供给不足，优质教育资源难以满足家庭不断增长的需要，人才培养的规格、质量、结果与经济社会发展需求还不能很好地适应等。通过参观名校呈现出的学校办学的最佳境界和理想范本，我得到顿悟和启示，通过同行交流展示校长对教育的真知灼见，共同探寻育人教育真谛。常言道，内行校长抓课堂，外行校长抓门堂。一所学校选择了什么课程，就是选择了什么教育。学校的课程评价体系是为正确引导教师开展全面质量观指导下的教学活动，从而以正确的教育质量观全面评价学生，反映学生的发展状况和水平，有效促进学生的全面发展、特长发展、个性化发展和长远发展，真正推进素质教育。

三是千方百计把优质教育资源做大做强。大力加强教师队伍建设，不断深化教育教学改革。我们基层教育工作者一定要切实提高学校管理水平和人才培养质量，同时要充分依据教育督导、考试评价、质量监测的引领作用，树立科学的教育质量观，凝聚全社会的力量，推动形成保障内涵发展的长效机制。

感谢北京师范大学校长培训学院，让我在第八期全国小学优秀校长高研班这个优秀团队中找到了自己的差距和不足，促使我铆足劲去读一些书，促使我去反思，促使我去探索……

2017年9月

志同道合一体化　千树万树梨花开

——2018 年库尔勒市城乡教育推进论坛会

在库尔勒市人民政府推进城乡教育一体化、优质化、均衡化进程中，库尔勒市第一小学与托布力其中心小学成为捆绑联盟教育集团。面对这样全新的教育责任和管理模式值得我们且行且思。

一、顶层设计，科学务实

1. 统一思想，勇于担当。
2. 充分调研，合理调配。
3. 明确职责，强化考核。
4. 统筹安排，轻重缓急。

二、独当一面，稳步推进

1. 注重班子建设。
2. 规范教学常规。
3. 强化教研活动。
4. 加强落实反馈。

三、坚强后盾，倾力支持

1. 优化管理策略：整体筹划抓重点，调动班子内驱力，考核评价为导向，检查反馈日日清。

2. 发挥骨干作用：遵纪守规率先垂范，课堂教学引领示范，教学研究规范推进，科学建议及时有效。

3. 推进分层结对：城乡校级领导与中层干部一一对应，学科教师与班级中队一一对应，职责分明。

4. 提供资源支撑：智力层面有党建主题活动、德育专项活动、教学教研活动、总务安全工作的支持。物质层面有援助教学用具、学习用品、文体器材、图书校服等方面。

四、面临的困难及实施策略

1. 先进理念引领。尽快梳理明晰办学理念目标，构建完整课程体系建设，改进课堂教学方式和校园成长方式。

2. 师资培训有效。强化教书育人的责任担当，深化爱岗敬业的教育情怀，追求学科教学的专业精通。

3. 普通话质量提高。努力营造良好氛围，加强教学研究，丰富训练方式，完善激励机制。

我们要扎根中国大地办教育，同生产劳动和社会实践相结合，加快推进教育现代化，建设教育强国，办好人民满意的教育，让梨城教育因我们的耕耘迈向高地。

2018年4月

家庭教育篇

△真正的教育从来都不是点石成金、立竿见影的技巧，而是一段春风化雨、自然无为的过程。

△只要是对学生有益的都是教育的资源。

△庄稼出问题，是农民没有种好；孩子出问题，是父母的教育出了问题；要改变孩子，必须先改变父母;鼓励和帮助比批评更有效。爱，不光是照顾孩子的衣食，更要关注孩子的心灵和品质。

良好行为习惯受益终生

——一年级家长学校专题讲座

苏联教育家苏霍姆林斯基曾说过："社会教育是从家庭教育开始的。家庭好比植物的根苗，根苗茁壮才能枝繁叶茂，开花结果。良好的学校教育是建立在良好的家庭教育基础上的。"中华民族有着良好的家教传统，孔子"诗礼传家"，孟母三迁、断织，田稷子受贿受母训，诸葛亮教子俭美德，已成为家教典范。虽然古人对子女的教育重在"忠孝仁义"的德行上，但他们为国教子的精神，值得借鉴与弘扬。当前，正是社会大变革时期，社会文化呈现多元化格局，对学生成长产生影响的因素越来越复杂，家庭的影响越来越重要，因为家庭作为社会的细胞，人才成长的源头，家庭教育的好坏已直接影响到一个孩子整体素质的优劣，影响到一个民族的兴衰。"教先从家始""欲治其国，先齐其家"。家庭教育必须把道德教育放在首位，必须与学校教育同步，必须树立正确的成才观，必须重视非智力因素的培养，加强养成良好行为习惯，扣好人生第一粒扣子，良好的习惯能改变我们的人生，一旦养成，便可终身受益。只有学校、家庭形成整体的育人网络，从一年级起共同培养孩子的好习惯，才能给孩子终身发展打下坚实基础。

一、学校文化建设简介

学校党委带领全体教职工对学校办学理念"促进全体学生的全面发展，实现教师专业可持续成长"进行了深入地梳理提炼，理清了学校文化价值观发展的脉络，从八十年代的"自然和谐教育"到九十年代的"三个一切教育"再到二十一世纪的"两个全面教育"，将 58 年的办学历史凝练升华为能被学校师生共同尊崇的学校文化——"尚真教育"，其基本内涵是"尊崇真理，追求真实，倡导真诚，奉献真爱"，让学校"尚真教育"文化的积淀与活力时时感染和引领学生快乐成长。学校现有的班级建制是民汉混合统一编班，师资配备胜任教育教学要求，课时安排严格落实国家课程设置，使用国家部编统一教材。

二、掌握一年级新生特点

一年级学生新陈代谢旺盛，活动量大，呼吸频率较快，对氧气和营养需要比较多，骨骼比较软，肌肉比较嫩，好奇多问，对一切新事物都感到新奇，活泼好动，喜爱游戏，缺乏专注力。一年级新生刚进小学，开始接受系统的正规教育，这是最关键的时刻。“播种行为，可以收获习惯；播种习惯，可以收获性格;播种性格,可以收获命运”。我们希望学校和家长共同培养学生良好行为习惯，生活方面做到自理，学习方面做到自觉，心理品质方面做到自律，认真学习《小学生守则》《小学生日常行为习惯》，逐渐养成良好行为习惯。

三、培养良好习惯的有效策略

开学一周，学校发现一年级小学生普遍存在以下问题:上学迟到、不会劳动，听课效率低，不按时完成作业，遇到问题推卸责任。针对这些现象，我们需要不断学习，寻找规律，把握方向，才能帮助孩子养成良好习惯。

1. 生活习惯：自理

（1）自我服务：做到自己起床和睡觉（穿衣、叠被、洗漱、铺床等），有保健意识（眼睛、耳朵、唇齿、鼻腔、指甲、手足、头发的自我保护，改变坏习惯），玩具放回原处，不买零食等。

（2）家务劳动：勤快

做到饭前准备、收拾房间、使用简单家电。

（3）作息时间：准时

按时睡觉、起床、积极锻炼身体。

（4）文明礼貌：日常

课堂、课间、待客、外出、就餐、着装、尊敬师长等方面。

2. 学习习惯：自觉

（1）态度:勤奋（独立、按时完成作业）、仔细认真（专心听讲）、积极主动、虚心求教。

（2）能力：按课表备好第二天要用的文具、学具，自己整理书包，自己收拾整理课桌。

（3）纪律：按时上学不迟到、早退，有病有事请假，按时离校回家。

3. 心理品质：自律

（1）言行自律：明辨是非，学会自省。

（2）诚实友爱：热心帮助，学会合作。

（3）宽容善良：善于发现学习他人优点。

四、家教意识中普遍存在的误区

1. 责任意识不强（作业质量不高）

2. 缺乏科学方法（学习交流不够）

3. 重知识轻能力（品行意志不强）

4. 言传身教不够（语言行为不良）

五、对家长的期望

1. 尊重教师：教师职业道德要求做到依法执教、热爱学习、爱岗敬业、关爱学生、尊重家长、廉洁从教，家长要给予教师充分的信任与支持，家长要与教师加强交流沟通、互相配合。

教师的一天（以冬季作息时间为例）

上午：

9：00 出门

9：30 进教室检查卫生（校园、教室）、作业、抽背、晨检

10：00—10：20 早读　　10：20 上课

11：50—12：10 广播操　　12：50—1：50 批改作业

下午：

3：30 到校检查卫生

4：00—4：05 眼保健操　　4：05—4：20 读书时间

4：20 上课批改作业　　6：10 检查作业、卫生

6：30—7：30 全校教师政治、业务学习；接待家长

7：30—8：30 辅导学困生晚上备课，完成各科检查及习题任务

2. 解决纠纷有效途径。家长应该按照程序合理诉求——班主任、中层主任、校长、教育局、上级部门、法律部门，明确而理智解决问题。

3. 大力支持帮助学校和班级。做到积极参与响应，注重正面引导等孩子成功教育从好习惯培养开始。

4. 注重科学教子

（1）一定要保证孩子睡眠时间。

（2）保证孩子每天的饮水量。

（3）培养热爱读书的好习惯。

（4）培养孩子的自理能力。

（5）重视孩子的表达能力。

（6）注意保护孩子的视力。

（7）有选择地看电视节目。

（8）在学习上给孩子必要的指导。

（9）鼓励孩子多交往、会交往。

（10）鼓励孩子和老师多交流多沟通。

5. 做到以身作则

（1）加强学习，提高自身修养。推荐阅读《千万别错过做父母的黄金十年》。

（2）培养良好习惯要提供条件，要榜样示范，要反复强化。

6. 重视安全教育。加强孩子自救自护常识教育，防打闹、防触电、防煤气中毒、防坠伤、防烫伤、防盗等。

六、建议

给孩子建立成长档案，包括学生手册（学习成绩和评语）、交费收据和发票、奖状和证书、优秀作业、照片和健康资料等。

七、提示

好父母都是学出来的

好孩子都是教出来的

好习惯都是养出来的

好成绩都是帮出来的

好沟通都是听出来的

好成就都是影响出来的

庄稼出问题，是农民没有种好；孩子出问题，是父母的教育出了问题；要改变孩子，就必须先改变父母；鼓励和帮助是比批评更有效的教育方法。爱，不光是照顾孩子的衣食，更要关注孩子的习惯和品质。儿童不是用规则可以教好的，规则总是会被他们忘掉，但是习惯一旦培养成功以后，便用不着借助记忆，很自然地就能发生作用了。孩子成功教育从好习惯培养开始。

2016年9月

家校共育谱新篇

四年级家长学校专题讲座

在过去的一年里，许多家长能配合学校关心帮助学生的学习，耐心培养孩子的良好学习生活习惯，看到在家长的坚持不懈下孩子的养成教育卓有成效，我们感到无限欣慰，也代表学校向关心支持学校工作的家长表示感谢！只有不懂教的家长，没有教不好的孩子。因此，只有不断学习和掌握现代家庭教育知识和方法，才能扮演好家长这个角色，您的孩子健康成长才有基本保障，特别是当今学校教育大体相同的情况下，孩子成长首先不能输在家庭教育上。当孩子在成长中出现问题，许多家长很少从自身教育方法上找原因，这是家庭教育中最怕出现的，而这种现象几乎每天都发生在我们身边。

一、四年级学生的特点

四年级的孩子正处在向青少年过渡的儿童期的后期阶段，大脑发育正好处在内部结构和功能迅速发展和完善的关键期，孩子的学习能力和情感能力快速发展，是培养学习能力和情感能力的重要时期。孩子的意志发展开始从他律向自律过渡，开始具有自觉克服困难的意志。所以，四年级是培养孩子学习恒心的关键期，也是养成良好的学习习惯和改变不良习惯的最后关键时机，四年级以后除非进行特殊的训练，孩子的学习习惯将很难改变。

二、目前学生存在的不良习惯

1. 课堂纪律有待提高。
2. 部分学生学习不够自觉，作业质量不高，应注重改错题。
3. 责任心欠缺，懒惰，怕劳动。
4. 部分学生零花钱多，丢东西现象较严重。

5. 辨别是非的能力还不稳定。
6. 少部分家长袒护孩子，不能正确对待学校教育，联系老师缺乏主动性。

三、家长改进策略

1. 重视亲子阅读，丰富孩子语言
2. 提高自身修养，注重言传身教
3. 加强家长间交流学习
4. 关注心理情绪引导
5. 加强民族团结教育
6. 重视安全自护教育

习惯培养比知识灌输重要。教育孩子，要学会等待，没有教不好的孩子，只有坚持不住的家长。四年级是养成良好习惯的关键时期，一旦形成恶习很难更改，现代社会需要的是有责任心，善于合作，诚实，有知识、有文化的学习型人才。具有良好生活和学习习惯的人，一般素质高，能力强，人生会比较成功。希望家长在孩子的习惯养成上一定要持之以恒，一定要付出心血，差距就是在一天天中慢慢拉大的，希望每一个孩子都不掉队。

2017年9月

知识已过万重山　迎面创造新时代

六年级家长学校专题讲座

二十一世纪是我国从教育大国、人力资源大国向教育强国、人力资源强国转变的关键时期。习近平总书记着眼国际竞争格局和国家发展大势，强调实现"两个一百年"奋斗目标、实现中华民族伟大复兴的中国梦，归根到底靠人才靠教育，我们必须继续解放思想，深化教育改革，为培养创新人才创造良好土壤，要重视大、中、小学有机衔接，学校、家庭、社会密切配合，从人才成长的个人内在因素、教育过程、文化环境、人才制度和国家综合实力等方面系统考虑。六年级是孩子小学学习阶段的最后一年，他们即将进入中学，开启人生重要旅程，家长希望孩子将来能成为什么样的人，家长就先去做什么样的人，我们要把孩子的培养同国家发展的目标和需求紧密结合起来，共同做到为党育人、为国育才。

一、了解学生现实情况

1. 学生现状：主流健康向上，思想单纯，思维活跃，接受新信息快；少部分满足现状、上进心不强，学习动力不足。

2. 学生兴趣：电脑游戏、特长班、喜欢体育活动（篮球、足球、乒乓球、羽毛球、骑行）、听流行歌曲、看书、军事动态、自创笑话）。

3. 学生中存在的较严重问题：上课玩手机、讲脏话、作业质量不高。

二、学生对家长的评价和期望

正面评价：民主、理解、和谐

负面评价：额外补课、过多作业、苛求责难、伤自尊、不讲信誉

期望：多抽时间陪同、多了解、给自由、不给压力、安排家务劳动

三、学校对家长的建议

1. 正确把握教育的重要地位和作用

习近平总书记指出：“当今世界的综合国力竞争，说到底是人才竞争，人才越来越成为推动经济社会发展的战略性资源，教育的基础性、先导性、全局性地位和作用更加突显。”习近平总书记语重心长地说，基础教育是立德树人的事业，旗帜鲜明地加强思想政治教育、品德教育，让社会主义核心价值观的种子在少年儿童心中生根发芽，把国家、人民、民族装在心中，养成健康、乐观、向上的品格。

2. 理解尊重老师，正确对待学校教育

（1）严格执行国家教材和课程安排

（2）爱岗敬业、严守师德、期望成才

（3）家长中存在袒护溺爱、缺少沟通、盲目相信、负面教育现象

3. 注重正确全面评价及指导帮助

（1）思想认识：明辨是非，学会感恩，懂得敬畏，品行端正（不知艰难、不知恐惧、不知羞耻）

（2）学习兴趣：平等交流，注重培养情商

（3）学习能力：积极配合学校和老师

（4）学习方法：给予指导帮助关心（学习、思想、生活、心理）

（5）学习习惯：以身作则，持之以恒

4. 家长之间加强沟通交流

（1）利用现代媒体

（2）面对面

（3）参加专题讲座

（4）阅读家教专著

5. 尽早选定意属中学

提示：

学生在中小学教育阶段养成的学习兴趣、学习能力、学习方法、学习习惯和品德修养，他们的综合素质、知识基础、知识结构和思维能力在某种程度上决定了学生以后的学习和工作潜力。今天的学生就是未来实现中华民族伟大复

兴中国梦的主力军，我们教育工作者和全体家长就是打造这支中华民族梦之队的筑梦人，让我们共同努力！

2018年9月

凝心聚力育栋梁　国雅文化正当时

——库尔勒市实验小学家长会上的发言

各位家长：

大家好！库尔勒市实验小学前身是巴音郭楞蒙古自治州蒙古族小学，因为学校汉语师资力量薄弱，教育教学质量不高，班级学生少，没有平行班，社会和家长认可度低，家长学生都不愿意选择这所学校。在国家推进义务教育均衡发展进程中，库尔勒市教育局实施网上招生报名就近入学，在座各位家长被分配进入实验小学不情愿、不满意，对于家长追求优质教育的需求我们都很理解，为此市委市政府配齐配强领导班子和优秀师资力量，努力争取打造一所优质学校，办一所老百姓家门口的好学校。

一、学校基本情况

库尔勒市实验小学位于库尔勒市天山东路 13 号。学校始建于 1981 年，名称为巴音郭楞蒙古自治州师范学校附属蒙古族小学。2004 年 10 月整体搬迁到现在的新校址，2005 年更名为巴音郭楞蒙古自治州蒙古族小学，2017 年 9 月更名为巴音郭楞蒙古自治州第一小学。2018 年 10 月整体移交库尔勒市人民政府管理，11 月更名为库尔勒市实验小学，是一所完全小学。自 2013 年进行义务教育学校标准化建设以来，党委政府投入 330 万元购置教学仪器设备、图书，粉刷宿舍楼、改造学生食堂，添置厨具，教学楼和宿舍楼窗户安装纱窗，拆除平房，修建校园围墙和水泥地坪，新建校园雕塑、国旗底座和围栏，添置多媒体电教设备、音体美器材、卫生器材等，为教师办公室配备计算机，各班教室均配备大屏幕电视和电子白板，实现了“班班通”。2016 年投入 1000 万元新建塑胶运动场和综合宿舍楼，改造和新建学校大门、警卫室、监控室，重新安装校园数字监控系统和装修专业教室，学校现有图书阅览室、科学实验室、计算机室、劳技室、美术室、绘画室、电子琴室、音乐室、舞蹈室、器乐室、心理咨询室、茶艺室、棋艺室、泥塑室各一间，学生饮水机 4 台，音乐、体育、美术、劳技器材和科学实验仪器等器材按教学需求配备，图书总量达到 16484 册，生均图书 52.3 册，拥有 87 台计算机，所有教室都安装了校园广播、校园网络系统，学校办学条件得到了明显改善，校园明亮干净，四周绿树环绕，楼前绿草如茵、花团锦簇。现在学校按照发展规划将逐渐扩大办学规模，校园必将呈现出全新的面貌。

二、学校具备跨越式发展优势

习近平总书记对教育的重要论述和全国教育大会及自治区教育大会充分体现了党和国家对教育的高度重视，教育面临美好的发展机遇。2018 年 9 月学校移交库尔勒市人民政府管理，市委市政府配齐配强领导班子，班子政治立场坚定，坚持社会主义办学方向，懂教学，善管理，年龄结构合理，能够担当带领全体教职工实现跨越式发展的重任，学校拥有一支政治业务素质较高的教师队伍，爱岗敬业，集体荣誉感强，接受现代教育理念较快，在课堂教学中能体现师生和谐的教学氛围，学校学生品行端正，勤学善思，阳光大方，健康快乐，真诚的家长积极支持全力配合，实施网上招生报名，严格按照划分学区招生，可以有效保证学校学生数量逐年增长，我们有信心把学校办成老百姓家门口的好学校。

三、学校三年发展规划高端务实

《库尔勒市实验小学 2018-2020 年学校三年发展规划》之中明确了学校三年发展总体目标：学校全面加强党对教育的领导，坚定不移执行党的教育方针，践行立德树人的教育使命，高度认同中华文化国家历史的连续性，遵循教育发展规律，凝练学校三十多年文化价值观，完成学校顶层文化设计，明确国雅文化内涵，进行雅正规范教育，以“爱国、守正、尚勤、求活”为核心价值，以“涵养儒雅教师、培养文雅学生、润养高雅学校”为教育目标，用“以雅育雅”的核心理念和“四季国雅风”文化名片对师生进行熏陶和培养，启动学校国雅课程体系建设总体设计，加强校园文化及教育教学设施建设，提升学校综合办学能力，扩大学校办学规模，打造高雅校园、乒乓校园、平安校园，实现“培养具有社会责任、国家认同、国际理解的社会主义接班人”的人才培养目标，把学校办成师生共同成长的精神家园和老百姓认可度高的家门口的好学校。

四、学校顶层文化设计全新厚重

（一）国雅教育内涵

校训：做有中国灵魂、世界眼光的有志之士

校风：爱国、守正、尚勤、求活

学风：态雅、言真、行正、业勤

教风：优雅、和雅、博雅、宽雅

《实验小学儒雅教师职业规范》

外在言行优雅：

1. 仪表端庄沐春风，穿戴整洁，端庄典雅，尽显职业风采。
2. 言行文雅人人敬，言辞柔软，态度谦和，方能优雅天成。
3. 与人为善人之本，心怀良善，真诚待人，才能润物无声。
4. 退步思量事事宽。和风细雨，胸怀宽阔，营造和谐社会。

内在气质儒雅：

1. 腹有诗书气自华。在终身阅读中走向精深，走向博雅，用丰厚的文化底蕴支撑起教师的灵性。
2. 闲敲棋子落灯花。在琴棋书画中陶冶情操，丰盈灵魂，用精湛的教育艺术支撑起教师的诗性。
3. 春蚕到死丝方尽。在无私奉献中潜心育人，教学相长，用远大的职业境界支撑起教师的理性。
4. 领异标新二月花。在大胆创新中超越自己，超越过去，用高超的教育智慧支撑起教师的活性。

职业品质高雅：

1. 坚定信念有理想。坚持以习近平新时代中国特色社会主义思想为指导，践行立德树人教育使命。
2. 坚持准则守方针。坚定不移执行党的教育方针，切实遵守《新时代中小学教师职业行为十项准则》。
3. 忠诚担当乐奉献。忠诚党和人民的教育事业，勤勉敬业，关爱学生，廉洁从教，坚守纯洁的精神家园。
4. 为人师表身为先。爱国守法，言行雅正，带头做社会主义核心价值观的传播者和践行者。

（二）学校课程建设

1. 开齐开足国家课程，争取优质教育教学质量。学校开设语文、数学、英语、道德与法治、艺术、体育科学、综合实践。

实施策略：

（1）努力提高教师教育教学能力，通过教学基本功、教学研究、外出学习培训、专业测试、教学竞赛、绩效考核、培优辅差等形式，扎实落实及提高教育教学能力。

（2）做到全体学生百分之一百参加：琴艺、棋艺、书法、画艺、诵读、茶艺、花艺、传统游戏、乒乓球、跳绳、踢毽子、健身操人人普及，面向全体学生，促进学生德智体美劳全面发展，打造高雅校园、乒乓校园、平安校园。

2. 开启 1.0 版国雅课堂，培养有中国灵魂世界眼光的有志之士。

实施策略：

（1）开设中国八大雅——诗、文、书、画、琴、棋、茶、花，具体安排一年级：诗文书画，二年级：诗文书琴，三年级：诗文书棋，四年级：诗文书花，五年级：诗文书花，六年级：诗文书茶。让学生在中国传统八雅文化学习、展示的过程中感悟中华传统文化的不朽魅力，以期润养学生的人文艺术素养，培养学生的审美力。因为审美不仅代表着整体思维，也代表着细节思维，审美力才是一个人的核心竞争力，是我们给孩子最好的礼物。

（2）开展“国雅五礼”仪式教育活动。学校将隆重推出“四季国雅风五礼”仪式（四季国雅风第一届秋之实·入学礼、四季国雅风第一届夏之光·入队礼、四季国雅风第一届春之华·女儿礼、四季国雅风第一届秋之实·男儿礼、四季国雅风第一届夏之光·毕业礼），发挥思想政治引领和道德价值引领。例如，男孩必养三气，女孩必修三容！家有男孩，必养三气，即 3 岁养大气，8 岁养胆气，12 岁养志气，多吃苦多受累，要独立要有志。家有女孩，必修三容，即 5 岁养笑容，8 岁养宽容，10 岁养仪容。孩子有副好的仪容，不仅代表家庭氛围良好，更是对家长教养良好的一种侧面诠释。所以，与其花大钱让孩子买衣买鞋，不如给孩子好的仪容，胜过百万财富。

五、学校对家长的期望

（一）实验小学积极发挥家校协同育人作用。一是坚持传统优势方式，通过“民族团结一家亲”“千师访万家”、家长学校、家长会、家长开放日、“小手拉大手”等形式把党和国家的惠民政策、学校的教育活动及时传播到千家万户，对家庭教育的内容、方式、方法进行指导，赢得家长理解和支持，切实提高家长的教育水平和家教质量，有效提高德育效果。二是创新家校合力形式，启动五个特色项目——讲师大联盟，专业助共育；初心学习社，家校共分享；家长达人秀，教育生合力；特色微专栏，互动促发展；亲子沟通营，亲子共成长（教师家长学生共同商议活动时间、空间、主题、对象、形式），切实提供教师与家长沟通与交流的机会，带动家长共同成长。三是完善相关制度，制定《家长委员会章程》等，与每一位家长签订责任书，运用现代信息平台，通过 QQ 群、微信群、学校公众号，方便快捷加强沟通交流，使学校、家庭、社会形成合力，真正形成家校关系一家亲。

（二）共同遵守库尔勒市实验小学文明家长公约

敬爱的家长朋友们：

家庭是孩子的第一所学校，家长是孩子的第一任老师，作为一名拥有“全国文明城市”称号的库尔勒市民，作为一名以“国雅文化”为软实力著称的高雅学校的家长，您有责任与我们一起，将文明礼仪通过言传身教传递给您的孩子，为您的孩子做出表率，将您的孩子培养成“态雅、言真、行正、业勤”的文雅学生，为此，我们与您约定：1. 行雅：做合格公民，热爱祖国热爱党，遵纪守法正言行。2. 言雅：做智慧家长，知书达理，率先垂范身先行。3. 态雅：做良师益友，耐心育子有良方，与人沟通态度真。4. 容雅：做清雅之士，面容干净显非凡，衣着得体气宇轩。5. 博雅：做有趣之人，博览群书气自华，琴棋书画诗茶花。6. 和雅：做和谐使者，心怀良善气质美，和谐社会正气扬。

（三）分享家教经典，加强科学育子

分享之一：从另一种视角看一个母亲和孩子的故事“他 40 岁，没什么大出息，却拥有天底下最好的妈妈！”

他 3 岁时从台阶上摔了下来，哇哇大哭。母亲本可以批评他：“我怎么提醒你的，摔下来会很疼的，你就是不听！哭什么哭！”但是母亲想了想，跑过去抱住他，抚摸着他的后背：“宝宝，一定很疼吧，妈妈知道很疼，下次你再爬高高，邀请妈妈一起参与好不好？”

他 5 岁时，把饭菜撒的到处都是，打碎了盛汤的碗。母亲很想劈头盖脸地指责他，但是母亲想到小时候被大人怒骂后的恐惧，抱了孩子。然后，拿起筷子给他做示范，怎么夹菜，怎么放到小碗里，如果够不着，怎么请妈妈帮忙，如果想喝汤，如何先放下筷子，如何双手捧着汤碗。

他 7 岁时，拿了一张 83 分的数学卷子：班里 45 个人，30 个人都考了 90 分以上。母亲很想大发雷霆，但是母亲想到自己小时候数学不及格，吓得不敢回家，就和蔼地说："来，我们一起看看都错在了什么地方了，找出吃掉那 17 分的小怪兽。"

他 12 岁时，他一度厌学，沉迷游戏，视老师如宿敌，视父母为冤家，视学习为痛苦。母亲很想上去扇他一记耳光："我省吃俭用，努力赚钱，你这做，对得起我吗？"但母亲告诉他："可以不做作业，只玩游戏，不去学校；也可以做完作业玩 20 分钟游戏，用好成绩让老师对你刮目相看！"结果，他在家里玩了 3 天游戏之后，重返校园，理由是：天天玩游戏，其实也很无聊，不如去学校，还有同学。

他 17 岁时，性格倔强，不愿认输，爱打抱不平，喜欢和人争论，也因此没少惹麻烦。刚挨完领导批评，母亲一腔怒火，低三下四地向老师道歉，很想大声吼叫他，但是看到后视镜里的他，迷茫的眼神，就想到当初心愿就是希望他健康快乐地长大，而不是成为一个优秀体面的孩子，内心有些内疚。晚上说："我想，要是我的室友把臭袜子故意放在我的床头，我也会和他大吵一架的。"听到这句话，原本低头做题的他，肩膀忽然猛烈抖动起来，母亲走过去，抱了抱他。

他 25 岁时，普通的大学毕业，找了份平凡的工作，拿着微薄的薪水，还没有找到对象，亲戚们聚在一起，互相攀比各自的孩子，年薪、对象、买房子，明里暗里挤兑着他的平庸。母亲坚定有力地说："真为你们的孩子高兴，我也为我的孩子自豪。他虽然赚钱不多，但是每个月都会攒出一些，为买房首付做准备；他没有对象，因为他不随便谈恋爱，我觉得，这很好。"他悄悄地对母亲说一句："谢谢你，妈妈。"

他 31 岁时，终于买了房，结了婚，生了孩子。依旧很普通，每个月都会乘坐地铁来看望母亲。他没什么钱，但看到母亲怕冷，悄悄地给房间装了暖气片；他不怎么会聊天，但在母亲 60 岁生日那天，下厨给母亲做了一桌子菜，还偷偷在母亲枕头底下放了 600 元钱。母亲很想抱抱他，但是一会看到他在给孩子喂奶粉，一会帮媳妇买东西，一会又接电话忙活，母亲只能站在卧室门口，双臂交叉抱了抱自己。

他 42 岁时，母亲在他的怀里闭上了双眼，骨瘦如柴，却恬静安然。他请人在家里，画了一幅画：一个满目慈祥的母亲，抱着一个襁褓中的婴儿。画旁，刻着这么一行字：这是位极少说教的母亲，但她的拥抱胜过人间道理无数。

警醒之一：语言是有能量的，不合适的语言会散发一种负能量，也不是所有的陪伴就是爱，有效的陪伴和合适的表达才能传递舒心的爱。

分享之二：从另一种视角看一个父亲和孩子的故事《只要用心，哈佛可期！》——揭秘哈佛爸爸吴天马平时教育女儿的方法和细节。

1. 关于语文与阅读

0~3 岁模式教育：吴汉光开始浸润经典，在《唐诗三百首》《古文观止》《西游记》《希腊罗马神话》以及《圣经故事》《伊索寓言》《天方夜谭》等相伴中成长。

3~6 岁启蒙教育：主要是论语、史记和历代诗歌，比如《论语》《孟子》《史记选》《历代诗歌选》《历代文选》《上下五千年》。在启蒙顺序上，吴爸爸认为："语言要站在巨人的肩膀上，先《离骚》，后李白；先《诗经》，后杜甫。"因为孩子越小的时候，语言的敏感度和学习能力是最高的。他让女儿一开始就读《离骚》，感受屈原的"路漫漫其修远兮，吾将上下而求索"，李白杜甫的"长风破浪会有时，直挂云帆济沧海。""笔落惊风雨，诗成泣鬼神""感时花溅泪，恨别鸟惊心"。

三年级时读《红楼梦》。吴爸爸对《红楼梦》情有独钟，还有一个心理，他认为读《红楼梦》这类经典名著，有一个独特的"功效"，那就是预防早恋。"要知道，这些经典名著里都是一些风流倜傥的英雄人物、人品才华出众的才子佳人，看得多了，孩子的品位自然会很高，你还担心孩子早恋吗？"

2. 关于寒暑假

不怕同桌是学霸，就怕学霸过暑假，在每年的寒暑假，很多父母认为是"弯道超车"的好时机，安排了大量的培训班和作业，但是吴爸爸认为："暑假就是来'荒废'的，怎么被作业填满？"课堂和作业只是学习的一部分，看似荒废时间的旅行游玩，也是很重要的学习方式。

每年寒暑假，他都会带女儿出游，在山水之间徜徉，感受大自然的美丽。同时因为女儿从小就被古诗词"喂"大的，经常在游览中"秀"一把。

中秋佳节，一家三口赏月，女儿看着月亮会吟诵："月出皎兮，佼人僚兮，舒窈纠兮，劳心悄兮！"看到妈妈的笑脸，女儿会说："巧笑倩兮，美目盼兮。"

3 岁时，女儿梦里都会跟着念："我欲因之梦吴越，一夜飞度镜湖月"。

3. 关于动画片

吴爸爸会给孩子找经典之作。比如《狮子王》，老狮子王对小狮子辛巴说：“我们死后，尸体成为草，羚羊吃草，在这个生命圈里我们互相关联。世界上所有的生命，都在微妙的平衡中生存。你必须在生命轮回中找到自己，记住自己是谁……”故事结尾，大地重燃生机，给孩子们以心智上的启迪：“只有经历过生活磨难，勇敢承担责任，正面迎接困难，才能真正学会成长。”

国产的最高奖《喜羊羊和灰太狼》经典台词却是：坑爹啊，老婆，我又没抓到羊。

4. 选择经典之作

无论是英文学习还是阅读，还是动画片的选择，吴爸爸都会选择经典之作。毕竟，孩子的时间就那么一点，而且这些选择都会影响孩子的未来理想志向。

5. 将学习浸在平时

吴爸爸并不赞成死读书，他随时随地会在和孩子的相处中，就让孩子不知不觉地学习。

有一次去动物园，一进门正好看到孔雀开屏，他会说：“孔雀东南飞，五里一徘徊。”立刻燃起了女儿的好奇心，营造了一个诗意的世界。

夏日鸟语蝉鸣、万木葱茏，他携女儿沿着乡间的潺潺溪流，会对女儿吟诵：“关关雎鸠，在河之洲；窈窕淑女，君子好逑。”

他在带女儿去泰山时，一边走，一边会给孩子随时讲述“孔子为什么能登东山而小鲁，登泰山而小天下？”

学习的本质确实可以做到无时无刻不在学。

即便，我们可能不如吴爸爸一样懂教育，起码我们可以“采他山之玉，琢本山之石”，细心琢磨一下，我们自己能为孩子做到哪些？让孩子养成什么样的好习惯？

一篇《视界决定世界:他用远见和智慧,将400多个学渣送上哈佛耶鲁大学》，有心的爸妈不妨再去学学那位老师的教育方式。父母用心，哈佛可期！

成功后的警醒之一：没有人会随随便便成功！告别“丧偶式育儿”，7部纪录片让爸爸们也可以很懂教育科学研究。

分享之三：《教育若只靠老师，那就真的是耽误孩子了！》——很残酷，却很现实

1. 写字和握笔姿势

如果你经历孩子成长的整个过程，你会感悟到，孩子写一手帅气的钢笔字，是非常有价值的技能。把字写好，是每一个家长的责任。如果你还年轻，不知道怎么教育孩子，那就从这一点开始吧。

2. 叛逆期的冲撞

孩子到了四五年级，就敢跟你顶嘴了。这都是爷爷奶奶惯的，也是你没规矩惯的。记住对孩子的缺点要对症下药，尤其是，对原则问题就是不能让步。譬如，作业完不成，就是不能睡觉；关上电脑，就是不许玩游戏。

请你一定记住，五六岁开始，如果你舍不得对孩子说“不”，到了十几岁，你就不敢对孩子说“不”了。不要埋怨孩子不听话，你在孩子几岁的时候，就埋下了隐患。

还请你记住，老师管不了沉重的逆反心理。学生往往怕老师，但是孩子不怕你，就是因为你没有制定让孩子尊重并且畏惧的规矩。

3. 读书的兴趣

读书的兴趣，是从小时候开始的，两三岁的时候，孩子就该看书了。此时，孩子爱不爱看书，跟父母的表现有直接关系。家里的书多，孩子就读得多。

家里没什么书，孩子就不喜欢读书，父母没给孩子传承爱读书的习惯，孩子怎么会爱读书呢？孩子从记事起，对父母读书就没印象，孩子只能模仿读书以外的事情。

请你记住，不要试图通过老师培养孩子读书的习惯。习惯应该是家长培养的。家长做出表率了，孩子就会以家长为榜样。

如果你忙于生计，没空读书，那好，将来你的孩子在知识面上就会有缺陷，在认识能力上就会有差别，将来写文章就会出现力不从心的现象。

4. 快乐教育

如果家长一直以为孩子上学很辛苦，一直以为国外教育多么好多么优秀，国外孩子没有作业可以无拘无束，除非你现在就把孩子送到国外，要么就不要有这种育儿理念，因为你改变不了中国教育大环境，这样的想法最终是害孩子。

事实证明，凡是开始讲究快乐教育的家长，到头来你会发现，孩子会越来越不听话，在班级与集体格格不入，孩子成长的过程最痛苦；凡是从小就刻苦的孩子，他将来才会拥有自信，拥有很多快乐。

请你记住，快乐教育不是一个家长可以做到的。孩子从小接受了你的快乐思想，可是在大环境下没有志同道合的同伴，没有老师的鼓励和表扬——因为他与大家背道而驰，老师不可能天天表扬他。那么，这样的他其实并没有快乐，他就会变得孤独、偏执、逆反，一旦你发现了这些现象，那就后悔莫及了。

5. 争胜心

如果家长信誓旦旦地要求孩子夺得某个名次，并且为孩子的学习付出关注和代价，那么，孩子的成绩距离家长的目标就会变大。如果你对孩子要求成绩差不多，弄个中上游就可以了，那么你家孩子不会考到前几名。因此，我们家长必须给孩子制定一个切实可行的目标，班级多少名次，年级多少名次，然后鼓励孩子去努力。如果孩子因为学业的懈怠而导致成绩下滑，此时，适当的体罚，写检查都是可行的。

请你记住，父母的心气高，孩子的斗志才高，这种遗传的气质，不是老师教的。老师也教不会。

6. 关于网瘾

对于一个有网瘾的孩子，尤其是男孩，他形成网瘾的过程，就是父母失职的过程。记住，孩子最初有网瘾，责任就在父母。

父母对孩子的行为缺乏警觉，孩子一旦滑入深渊，带给父母的就是无尽的哀怨。记住，孩子从上小学开始，就要控制住家里的手机和电脑，当孩子哭着喊着要玩手机和电脑的时候，你一旦迁就他，就等于给孩子喂了一口毒药。信不信由你，反正是，每一个沉溺上网的学生，背后都有一对失职的父母。

请你记住，当学校老师接手管理你家孩子的时候，孩子的习惯已经成型了。不要指望着老师关注你家孩子的缺点，老师顶多是在校园和课堂上控制住孩子。而类似于这样的行为，都是发生在校外的。

7. 生活习惯

良好的家风很重要。家长爱卫生，孩子也就爱卫生。家长乐于助人，孩子也就助人为乐。要想让孩子成为高尚的人，家长的行为绝对不能卑劣。

请你记住，老师教给孩子的多是课本的知识，课本以外的，尤其是生活习惯，做人的道理等等，家长永远是孩子的每一任老师。

8. 面对现实，迎接考验。

凡是抱怨孩子功课压力大的家长，孩子也会觉得学业多，自己学习累。凡是告诉孩子应试教育能改变命运，风雨中这点痛算什么，这样的家长教育的孩子，也就会坚强，变得对生活充满信心。

天下的学生，要想学习好，都是一样累。作为家长，无论是老板，还是工薪阶层或普通百姓，都在为谋生而辛苦工作。学习远远比艰苦谋生容易多了，家长何必心疼孩子累呢？难道，你希望孩子到了中年，比你还辛苦吗？

请你记住，老师给孩子布置的作业，都是对孩子的磨砺。不要指望着老师培养你孩子的意志。我们明明知道很多作业都是没用的，但是它是创业的过程。咬紧牙关吧，最出息的孩子都是从题堆里闯出来的。

9. 孩子细节上的管理

有些孩子做作业磨蹭，有些孩子做作业马虎，有些孩子总是在最后时候才想起赶作业。这些不好的习惯都是家长娇纵出来的。

家长要学会督促孩子，利用边角缝的时间，早早地完成作业，免得孩子最后搞突击。尤其孩子在小学阶段，家长必须要培养孩子尽早完成作业的好习惯。

你迁就孩子就等于坑害孩子。完成作业了，剩下的时间，孩子可以读课外书，可以休闲。如果你有心，可以让孩子读书，多丰富自己的头脑，而不是与孩子一起抱怨，更不是和孩子一起埋怨老师或者学校。

请你记住，老师只管布置作业，管不了你家孩子什么时候完成作业。好的学习习惯，是家长培养的。

10. 遵守交通规则，培养安全意识

无论老师嘱咐了多少遍，总是有些学生在放学路上违反交通规则。对孩子安全规则的教育，必须从娃娃抓起。家长别闯红灯，别抱侥幸心理，遇到孩子有乱跑乱窜行为，必须要严加训斥。尤其是骑电动车的家长，不乱闯红灯，就是给孩子做表率。

请你记住，老师只负责校内的安全，管不了路上的交通。一旦你家孩子违反交通规则而受伤，你将会心疼一阵子，乃至一辈子。

11. 给孩子一个和谐的成长环境

孩子厌学，孩子逃学，貌似是孩子的事儿，但实质上，是家长从小对孩子胸怀培养的结果。家长们要记住，夫妻和睦，家庭幸福，孩子就不会想不开。父母吵闹，父母离婚，父母生活习气不好，孩子成才则是奢望。

记得有一个这样的案例，某中学的高才生，因为父母吵闹着要离婚，孩子一气之下跳楼了。孩子没了，父母一生都会懊恼。

理智后的警醒之一：中国式育儿最大的坑：一身毛病的父母却想要完美的孩子。

请你记住，家庭的和睦，比任何教育都重要；家庭的学习氛围，就抵得上一个优秀的老师。

不要在孩子面前抱怨，不要在孩子面前争吵，不要在孩子面前诋毁他人，尤其不要在孩子面前对老人说三道四，如果那样，将来的您，也许就会饱受孤独之苦。

这些话，虽然很残酷，但很中肯，愿所有的父母都能看到！

（四）凝心聚力谋跨越，齐心协力同行动

家庭教育是教育的基础细胞，父母是孩子的第一任教师；家庭教育是教育的基础细胞，父母是孩子的第一任教师。一个好的老师或许能够影响孩子三年到五年，但是家长的影响力却是一辈子的！希望家长们对学校工作积极建言献策、引进资源、引进援助，主动承担导师职责，助力课程建设，我们将做好“支持学校工作好家长”的评优选先。

习近平总书记十分关心人民群众的教育获得感，多次强调教育公平是社会公平的重要基础，必须不断促进教育事业发展成果更多、更公平、惠及全体人民，努力让每个孩子都享有公平而有质量的教育。库尔勒市人民政府要求我们办好实验小学，就是坚持教育以人民为中心的发展思想，就是要解决教育发展不平衡不充分问题，扩大优质资源供给，办好人民满意的教育。蓝图已经绘就，方向已经明确，关键是抓好落实，让我们共同迎接挑战，共同期盼美好人生！

2019年9月

研修培训心得篇

△“路漫漫其修远兮。”感谢“名校长工作室”这个平台，让我在这个优秀的教师团队中找到了自己的差距和不足，促使我铆劲去读一些书，促使我去反思，促使我去探索……

△教师为了教得更好，努力用一种改进的姿态去实践和探索，这就是研究。

团队促反思　实践中探索

——巴州二中名校长工作室学习心得

为了全面贯彻党的教育方针，在新课程改革的背景下更加全面地实施素质教育，进一步提升校长教育理念，拓展办学思路，促进学校内涵发展，提高办学品位，自治区首批名校长工作室工作全面开展。在巴州二中名校长工作室这个优秀团队里，我们入室成员相互交流和学习，相互支持和勉励，得到了许多收获和快乐。

一、定期研讨凝聚团队智慧

首先做到制度完善，利于活动。工作室成员年初共同研究制定工作计划进度，完善制度和章程，进行成员学校校情诊断，撰写自我分析报告和学习笔记，学习与工作目标非常明确。其次研讨互动受益匪浅，工作室定期开展活动，入室成员校长既有理论水平，又有品德修养，个个都是榜样，个个都有境界，我从同仁一言一行中找到了自己的差距和不足，很多困惑得以解决。我虚心地向邢耀华校长和其他成员学习，向名人学习，向书本学习，不断用理论和实践知识来充实自己的头脑，指导自己的教育教学实践。

二、理论学习促进自身发展

孔子云：行有余力，则以学文。也许正是有了压力才有动力，针对自己理论知识缺乏和实践经验不足的问题，利用工作之余，我阅读了《给教师的 100 条建议》《人民教育》《中小学管理》《教育基本理论研究 20 年》等书刊，拓宽了自己的学术视野。同时工作室组织安排优秀专家报告，既是观念上的洗礼，也有理论上的提升，同时还有视野上的开拓。我深深感到继续学习的重要性，时代在前进，社会在进步，要做好教育工作，光凭满腔热情是不够的，必须有先进的管理理念。

三、考察学习提升办学理念

工作室一行七人赴东三省考察学习，在自治区教育厅精心组织安排下，重点考察了沈阳市实验中学、育才中学、吉林省松花江中学，受到当地教育厅及优质学校的热情周到的接待。各成员深入学校各部门考察交流，虚心学习，感受学校的教育教学氛围。通过看、听、访、谈，我们不禁为东三省教育的改革与腾飞而啧啧称奇。先进科学的办学理念，浓厚的校园文化氛围，科学合理的教学模式，先进而齐全的教学设施……无不给我们启迪，无不给我们以思考。这次考察让所有成员感慨良多，收获颇丰，可谓不虚此行。

四、课题研究提升科研能力

工作室积极发挥教育科研对教学和管理的指导性作用，在工作室总课题研究带领下，学校坚持发动全体教师积极参与到教学科研工作中来，组织全体成员定期开展培训，将科研中的一些新理念、新方法融入教师的课堂教学中，让科研直接指导教师的课堂教学和管理，积极宣传发动广大教师撰写教学科研论文，让教师之间相互学习和交流。

五、实践探索提高办学质量

有所思则有所行。在教学和管理工作中，我不断总结，不断反思，不断探索和改进，重新整理了自己的教学和管理思路，扎扎实实做了一些实践和摸索。

1. 推进制度建设，力求管理更加科学化。

首先学习运用现代教育理念，总结提炼学校已有办学经验，凝聚师生智慧，体现时代要求，形成具有一定指导意义的办学理论。制定科学规范《库尔勒市第一小学三年规划》，加快推进学校现代化办学进程。其次，修订、完善和新建学校各项内部管理规章制度，进一步规范办学行为、管理行为和教学行为，按照现代学校管理制度完善学校的管理体系，做到人人有职责，事事按章办。再次，完善教职工岗位绩效目标考核和班主任岗位绩效目标考核，实施动态化管理，不断完善自评、组评、校评、学生评、家长评的评价方法。制定教学过程与质量监控实施办法，有效落实跟踪、指导和监测措施。完善学生学期特长生评选办法，切实起到规范、激励作用，促进校园管理、教育内容、教学手段、教学方法、师生评价现代教育评价体系逐步形成。

2. 推进课程建设，力求措施更有针对性。

学校围绕国家课程体系，积极开发和利用校内外各种课程资源，不断加强课程及课程资源整合，进一步充实和丰富国家课程，让课程延伸。学校已尝试推进阅读、书法、数棋、戏曲、剪纸、球类等校本课程，新课程对教师提出了更高的要求。通过“集体备课——上课——听课——研讨”的教学管理模式，让教师都参与到课程研讨活动中来，让课改教研交流真正成为教师的习惯，增强了教研的实效性，提高了教师的课堂教学水平，使学生综合素质得到提高。

3. 推进信息建设，力求课堂更有时代性。

学校力争实现信息化管理，全面推进教育管理、教育资源公共平台建设，完善数字校园网建设，加快促进信息技术和教育教学的深度融合，通过现代化管理手段提高办学效率。本学年加强教职工现代信息技术应用培训，启动资源库建设，全面使用班班通设备，校园小孔雀电视台开播，完善红领巾广播、家校通、班级网站等多种现代信息途径，推进校园网站建设，提高课堂教育教学效率。

“路漫漫其修远兮，吾将上下而求索。”作为一名教育管理者，要实现自己的教育理想和目标，要提升学校的管理水平，要让教师的教学更有成效，学生的学习更快乐轻松，学校的教育教学管理应该做到规范、科学，并在此基础上做好教育教学科研，不断追求创新和超越……我觉得在工作室这个团队中学习是一种幸福和快乐，感谢名校长工作室这个平台。

2014年10月

丰实的收获　滋润的成长

——全国小学优秀校长高级研究班学习心得

时光如梭，转眼两载。教育部第八期全国小学优秀校长高级研究班开班将近两年，全新的研修方式和扎实的培训学习，使来自全国的骨干校长在本次高级研修中提升政策理论水平，开阔眼界胸怀，增进彼此友谊，积极思考研究现实教育问题，反思自身校长专业化学习的发展和提升，全体学员由衷感谢教育部从国家战略发展为出发点，以对教育的高度重视和热切期望培训基层校长，由衷感谢北京师范大学教育管理干部培训中心精心组织，精选师资，严格管理，热心服务，使全体学员学有所成。

在专题教育学习期间，我始终以饱满的精神状态潜心学习，从政策法规、社会管理、民族宗教、现代文化、心理健康、教育理论、教学实践、参观名校、课题研究、信息技术等方面大量吸纳宏观理论和实践经验。通过国内外知名教育专家高端报告，高强度大密度领悟教育前沿信息理念，通过同行交流展示校长对教育的真知灼见，共同探寻育人教育真谛。通过名校参观呈现学校办学的最佳境界和理想范本，顿悟和启示颇丰。在考察践学期间，我以虚心好学的精神积极学习内地先进学校的办学经验。通过实地参观、观看专题片、摄影照相、交流讨论、互留联系方式等多种形式，学习借鉴先进办学理念、治校之道、德育工作、教学管理、课程建设、学生活动、家校互动、资源开发、开放办学、特色展示、校园文化等方面，深感名校的治校严谨、底蕴深厚、效益显著令人敬佩，值得学习借鉴之处颇多。

一、更加坚定热爱伟大祖国、热爱中国共产党的理想信念。

在专题学习和考察交流中，学员们通过对党的十八届三中全会精神的领悟，通过对党的政策法律的再学习，通过亲身感受内地政治、经济、社会、民生事业的和谐发展，通过红色革命教育，不断激发热爱伟大祖国之情。在专题教育活动中亲历重庆白公馆、渣滓洞感受革命先辈宁死不屈、流血牺牲的高尚革命英雄主义品质，尤其在看见汶川地震废墟旁为感恩党家家户户屋顶飘扬的五星红旗时，我的心情久久不能平复，在祖国和人民危难之时，是中国共产党领导坚强的中国人民战胜困难走向胜利，这一切汇成强大的洪流使全体学员无比热爱我们伟大的祖国和中国共产党。

二、更加坚定维护祖国统一、维护民族团结的理想信念。

我国是多民族聚居地区，地域辽阔，物产丰富，风光秀丽、人杰地灵，各民族和睦相处，共同发展，无论城市乡村、街头小巷、学校社区，处处可见各民族人民以开放包容的心态积极主动学习现代科学文化技术，共同建设美丽家园，共享现代化文明成果的喜人场景，我们地处新疆这块美丽土地，只有更加珍惜祖国统一和民族团结，新疆实现跨越式发展就会指日可待。

三、更加坚定扎根新疆基础教育的理想信念。

通过学习考察，我不断明确办学思想，提升办学理念，为学校的发展引领方向，坚定以学生发展为本，切实贯彻教育的主体性、和谐性、发展性和成功性原则，充分发现学生的价值，发掘学生的潜能，发展学生的个性，为学生终生幸福和发展奠定坚实的基础，以培养现代化建设的高素质人才和党的事业接班人为己任，为新疆的基础教育事业发展做出贡献。

四、更加明确加强教育团队建设的现代理念。

当今社会发展日新月异，合作开放式办学是必然趋势。本期学员团队意识较强，班委成员工作尽心尽责，任劳任怨，率先垂范，民主平等，得到学院和学员的一致认可。全体学员自觉自律，认真学习，服从管理，互相尊重，友好相处，彼此之间建立深厚友谊，这种友谊将会在今后国内学校交流学习、学校自身发展需要等教育交流中发挥长远效益。我们愿意珍惜和保持这种友谊，愿意在高级研修班这块平台上共同构建合作互助共赢的团队。本期研修班全方位多角度有高度重深度，我在学习中收获，在收获中提高，在提高中坚定，更加坚定在新疆基层学校献身教育事业的信心。我们所处的环境可以受限制，但教育理念不能受限制。校长要善于学习，始终关注实践先进教育理念，引领学校不断发展。我们的学校各有所长，均有建树与贡献，但离党中央的要求尚有差距，还需继续努力，名校经验或许不可复制，但要善于从中得到启示，启迪思维，因地制宜创新学校工作。校长们要目光远大，脚踏实地，抓好学校建设，让我们自己所在学校成为学生成长的乐园，新疆教育的美好前景一定会更加光辉灿烂。

2017年3月

众行致远　共谋创新

——自治区库尔勒市第一小学名校长工作室上海之行收获

习近平总书记强调，我国有独特的历史、独特的文化、独特的国情，教育必须坚定不移走自己的路。我国5000多年的文明史，孕育了学无止境、有教无类、因材施教等深厚的教育思想。新中国成立以来，在不到70年时间里，我国教育总体发展水平进入世界中上行列，成就非常了不起，彰显了党的宗旨和我国的制度优势、政治优势，这些都是我们坚定教育自信的底气，我们必须扎根中国大地，探索更多符合国情的办法，让中国特色社会主义教育发展道路越走越宽广。为进一步解放思想，更新教育观念，学习先进办学经验，提升巴州基础教育质量，经巴州党委教育工委批准，2019年4月13日—4月19日，自治区库尔勒第一小学名校长工作室一行12人，赴上海市进行了为期5天的考察学习。

一、学习考察概况

此次考察学习在上海市嘉定区教师进修学院协调下，以上海市嘉定区马陆小学为主，学习考察内容包括校园文化展示、特色德育活动、课堂教学观摩、教学研讨交流、专题讲座等，同时还参观了嘉定区安亭小学、嘉定区外国语学校、杨浦区打虎山路第一小学、嘉定区第二中学等4所学校。上海作为全国教育改革发展的高地，对教育的高投入、先进的教育理念、科学的学校管理、高效的课堂教学、人文的校园文化令人耳目一新、叹为观止，也促使我们对巴州教育进行深入思考，力求明确教育改革的方向和目标，以全面提升教育教学质量，加速赶上。

二、主要经验和做法

（一）厚植教育情怀

教育工作使命光荣，责任重大。作为教育工作者要保持定力，抵制纷扰，潜心教书育人，静心办学治校，为党育人，为国育才。在上海与各位教育专家、名校长交流学习的过程中，让我们感受到了他们身上那种厚重的教育情怀，那是对党的教育事业的忠诚、热爱和执着，是对教师的关心关爱，是对学生的关注和培养，是对全国同行的开放、包容和共享。嘉定区马路小学校长顾健在讲述育人目标时指出：希望我们的孩子能够像葡萄一样向着阳光生长，像骏马一样驰骋；嘉定区外国语学校党支部书记、校长汤雁，63 岁高龄，本应退休颐养天年，但在党组织召唤的时候，毅然挺身而出，用了 5 年时间便打造出了一所名校。正如她所说的：我是共产党员，做了一辈子教育，组织需要我发挥余热，我义无反顾；杨浦区打虎山路第一小学校长卞松泉，作为上海市教育界的领军人物，在讲述办学理念时，用的却是最朴实的语句，他提到：校长既是领航员，也是服务员，老师要明明白白教书，课堂上要和蔼可亲一点，作业少一点，成绩高一点才显本事；学生最大，要有容错精神，师生关系和谐了，家校关系自然和谐；嘉定区教师进修学院副院长花洁指出：作为一名优秀的校长，要做一个爱学习的人，每天坚持学习，不断更新自己的知识和理念，才能适应快速发展的时代，要有“教育是无边界的”的教育情怀，并主动提出要加强对新疆巴州教育的关心和支持力度。

（二）科学规范管理

1. 围绕师生重构学校管理组织架构。马陆小学根据学校发展需要，以师生为中心，对学校组织架构进行了重构，用德育研究部代替传统的德育处，用课程教学部代替传统的教务处，用教师发展部代替传统的教研室，用图书传媒中心代替传统的图书室和阅览室，用调研交流部代替传统的行政办公室，用后勤保障部代替传统的总务处。变化的不仅是名称，更重要的是体现了学校管理重心的转移。

2. 实行扁平化的学校管理运行模式。马陆小学制定有完善的绩效考核制度体系，在学校整体办学目标之下，明确了各部门的职责和分工，以学期和学年为单位，对上接受嘉定区教育局的考核，对下开展对各部门的考核，充分调动各部门的工作积极性。在学校日常管理中，按照分工开展工作，部门之间有效协同，高效运转，组织大型活动时，明确牵头部门，其他部门积极配合，形成有效合力。

3. 充分调动发挥家长委员会的作用。马陆小学分别成立有校级和班级家委会，助力学校教育，推动建立和谐家校关系，家委会成员通过自愿报名、竞聘演说、综合评价，将有责任心，愿意为学校和师生家长服务的优秀家长遴选出来，制定完善的规章制度，明确家委会成员六项职责，五项权益，积极开展活动，确保家委会成员发挥作用。如通过“精灵守护”活动，上下学高峰期由家长志愿者协助维持秩序，每月组织家委会成员对学校外包的食堂进行监督管理，成立家长调解委员会，调解家校矛盾。

（三）深耕教学教研

1. 构建特色校本课程。上海各学校均以特色校本课程体系来统领学校各项工作，整合校内校外各种资源，实现国家课程校本化，推动办学水平提升。马陆小学以“每一个孩子都是精灵”为办学目标，研发出“小精灵课程”；嘉定外国语学校立足国际化办学事业，研发出“幸福课程”；嘉定二中借助周边科研院所资源，研发出“HEMST 课程”。

2. 推动课堂教学转型。通过听取介绍和实地听课观摩，我们发现上海各学校在课堂教学改革领域，并未追求课堂教学的特定模式，而是让课堂回归到“教无定法和因材施教”的本源，重新关注教与学的基本样态。马陆小学在“小精灵教育”理念下，积极打造“灵智课堂”，并未采取小组探究、翻转课堂等形式，而是通过师生互动，面向全体学生，注重强化基本功训练，在点滴之中促进课堂教学质量的提升，推动学生的发展。教师灵动、智慧，学生睿思、善辩，充分显露。

3. 开展教育节庆活动。上海各学校注重通过开展教育节庆活动，为师生搭建展示舞台，推动教学教研工作。马陆小学有教学节、德育节、科技节、阅读节、艺术节等，异彩纷呈。如 2019 年第三届德育节，主题为“携问题与研究，抵儿童之心灵”，通过问题化研究的方式，解决了学校德育工作中遇到的问题，积极探索开展“培育十好习惯，成就精灵梦想”，从“心有祖国、做事坚持、日日卫生”等十个方面培养学生的美好品质，确保德育工作取得实效。

4. 强化教师队伍建设。上海嘉定区组建有多层次教师培养体系，包括名校长工作室和教育后备人才培养工程，其中教育后备人才培养工程遴选 30 岁以下的优秀中层干部，按照书记、校长发展路径进行规划和培养，有力促进了教育管理队伍的可持续发展。各学校均建立有校级教师队伍培养体系，如上海嘉定外国语学校打造“全员工程”“青蓝工程”“名师工程”三大教师培养工程，推出“名师发展室”，确定 8 位名师发展室主持人，致力于领军人才和骨干教师团队建设，关注教育热点，解决教育难点。马陆小学以课题为引领，通过组建课题组，推动骨干教师队伍的培养和成长。打虎路第一小学认真总结教育规律，组织教师编写出版《学会关心学生，和儿童结伴成长》《与师生成长》《做教师的快乐》

《小学教育问题研究》等理论专著，在推动办学品质提升的同时，促进了教师的专业成长。

（四）积淀校园文化

1. 立足地域特色创制校园文化。上海市嘉定区制定有区级校园文化建设总体规划，定期对各学校校园文化建设进行培训指导。各学校立足地域文化和办学宗旨理念，积极创制特色校园文化。马陆小学所处的嘉定区马陆镇，有百年葡萄种植和葡萄酒酿造历史，又以骏马作为地域性标识。基于此，马陆小学以紫色作为学校布置主色调，以“像葡萄一样做人，像骏马一样做事”作为学校办学理念，校园设置有酿酒葡萄种植园和数字化感应系统，还精心设计出学校的吉祥物“小马陆陆”，并以此为主线，研发出“小精灵课程体系”，拓展了陆陆历险记、陆陆游学记等校本课程体系和比较完善的评价体系；安亭小学借助汽车城资源，积极打造校园汽车文化，设置有汽车文化综合展厅、F1方程式赛车模拟赛道、洗车厂等校园活动设施，同时每个班级和中队均用汽车品牌命名，创设汽车系列校本课程，独具特色。

2. 以生为本的校园文化理念。学生是校园的主人，让儿童站在学校的中央，这是上海各学校的普遍共识。所以，不管走到哪一所学校，从细节中都可以看出学校处处为学生考虑、为学生着想的思想。打虎路第一小学提出“五不”底线，并要求全体教师严格遵守，其中之一就是“不拖堂”，以此来保障学生基本权益；马陆小学在教学楼一楼大厅为孩子们设计了小舞台和主题阅读区，在每一个楼层拐角都设置有沙发和小书架，将班级门口的消防栓也巧妙设计为小书架，让孩子们随时随地都能翻阅自己喜欢的书籍，营造了浓厚的读书氛围，让阅读在潜移默化中成为孩子们的习惯。嘉定外国语学校的办学理念是“一花一世界”，提出“让每一个不一样的生命，有不一样的精彩”，基于此，为学生提供了国内国际多层次的游学课程，促进学生拓展国际视野，着眼培养高端人才。

3. 丰富多彩的校园文化活动。马陆小学在校园创建了音乐、科技等8个精灵小镇，为学生打造童话世界，让小学生们追寻童年梦想，每周三下午开设社团活动课，既有海洋探索、奥妙太空等科技课程，又有中华武术、沪剧脸谱、上海方言等地方课程，还有家庭手工、菜园日记等生活课程，还有跳方格、打沙包等童趣课程，对学生进行个性化培养，让每一个孩子都能找到乐趣。

习近平总书记提出教育要“立足基本国情，遵循教育规律，坚持改革创新，以凝聚人心、完善人格、开发人力、培养人才、造福人民为工作目标”，进一步明确了推进教育改革的基本原则和教育工作的主要目标，强调了教育在经济社会发展、国家进步和增进人民福祉中的使命担当。值此一个伟大的新时代，让我们与祖国共命运，与时代共进步，一切为了中华民族的伟大复兴，一切为了人类的进步与福祉，培育道德心，塑造中国魂，为党育人，为国育才。

2019年4月

随笔感悟篇

△教育就是与美相遇。

△在每个孩子身上都留下中华民族文化的独特的精神标识。

△中华优秀传统文化是立德树人之“根”。

紫藤花开别样香

——五年级（1）班《紫藤花》序言

2007年元月2日，新年上班的第一天，我收到了一束带着春天美好气息的“紫藤花”——五年级（1）班孔鑫老师带来了的厚厚一叠孩子们的作品。闻着新作淡淡的墨香，无比舒畅，我仔细清点了扉页照片上的人数——57人。张张笑颜在紫藤花环绕中如烂漫的山花绽放，好温暖的大家庭啊！夜深人静的时候，孩子们的习作细细读来如清风拂面，娓娓动人，色彩斑斓的生活跃然纸上。

总是抱怨生活单调，总是感觉无从下笔，但是透过五年级（1）班孩子们的作品，你会惊喜地发现，一篇篇饱含真情和质朴的文章展现出的生活是那样丰富多彩：上完语文课，结合课文充分合理地想象，及时动笔写出读后感，有利于发散思维，启迪想象；记叙语文实践活动的赛诗会惟妙惟肖，令人身临其境；通过写给生病住院同学瓦日斯江的一封信，表达了浓浓的同学之情；第一次值周时激动的心情真实感人，青涩的少年终于知道了沉甸甸的责任；观察身边的人物，评价课任教师和同学，形似神也似；积极参加各项活动，真实记录班队会、写评语的感受，给人启发；走进多彩的大自然，绘景、捕鱼、野炊、游戏，欢乐几多；留神生活，展现“电梯惊魂”“做白日梦”“减肥失败”等等场景，酸甜苦辣俱全……走进孩子的心灵世界，你会发现那是一片湛蓝纯净的天空！

语文课程标准明确指出：“语文是实践性很强的课程，应着重培养学生的语文实践能力”“同时也应尊重学生在学习过程中的独特体验”。五年级（1）班的师生们通过共同努力做出了有效地探索。虽然孔鑫老师并不算最优秀的教师，孩子们的习作也无法与大作家相比，但是他们有心观察，留心记录，默默无闻，持之以恒，小小少年有远大志向，终于汇集作品《紫藤花》奉献给大家，这样一个班集体在这个冬天给我们带来别样的温暖和清香。它让我们知道：只要从现在开始，永远也不晚！

2007 年步履匆匆，无暇停下倾听孩子们的心声；2008 年伊始，因为一个执着的老师和一群可爱的孩子带给我的惊喜，给了我一个美丽而充实的开始。岁月的风尘流变里，许许多多的人和事都会渐渐地淡出记忆的视野，唯有充满真情的美文在我们的心灵深处永远地闪耀着琥珀般的光泽，清晰如昨……

让我们共同期待 2008 年的春夏秋冬更加美好！

2008年元月6日

又到紫藤花开香飘时

——六年级（1）班《紫藤花》序言

又一次手捧六年级（1）班孩子们厚厚的作品，对他们的作品我情有独钟，爱不释手。因为在这片纯洁优雅的净土上，总觉得心灵得到了净化，许多感悟与收获消融在其中。小作家们诚挚朴实的话语像春雨润物般滋润着我的心田，荡涤着我的心灵，让我们感悟人活着就得有一颗感恩的心、平常的心、快乐的心，学会享受生命中的每一天，懂得人生的幸福和快乐要善于发现，它就蕴藏在平凡的生活中，学会因别人的一次小小问候而温暖许久；因别人的一次小小帮助而充满怀念；因别人的一段小小友情而感动不已——一切的一切在孩子们笔下化作真情文字在心中汩汩流淌。

美丽聪慧的孔鑫老师顺着已然开放的花蕾，探径而寻，在嫩绿的枝丫上看到希望，细心浇灌，寻找让生命跃动的金钥匙，给了我们又一次紫藤花开！

火红的七月即将来临，孩子们将要踏上人生的新的征程。回想初进校门的懵懂儿童，转眼间变成有思想的激情少年迈出校门放飞理想，令人几多感慨，几多不舍，不知今后紫藤花开何时何地？

2009年6月1日

小小孔雀开屏啦
——校刊《小孔雀》序言

红日初升，其道大光，孔雀开屏。

盛夏季节，生命正在拔节。当我们赞叹大自然的神奇时，库尔勒市第一小学首期校刊《小孔雀》正式出版了！孩子们丰富多彩的校园生活使人眼前一亮，清新的语言，天真的活力，成长的体验，成功的喜悦，张扬原生态，充满儿童情趣，纯自然状态令人动容，蓬勃生机缔造着美好童年！

校刊《小孔雀》的创办真正体现了关注学生个性生命、发展学生个性品质的教育主题，为孩子们感悟生命、体验生活营造了和谐氛围。我相信，送给每个孩子一片远航的帆，只要孩子们始终前行，思想就会一天天成熟开阔起来，心情就会一天天快乐飞扬起来，日子就会一天天丰盈起来，去收获知识，收获欢乐，将书香播撒到世界各地！

少年儿童是祖国的未来，民族的未来，少年追梦则国家圆梦。我们要把学校建成少年儿童培育和践行社会主义核心价值观的主阵地，真正将核心价值观内化于心，外化于行，让我们共同进步吧！

2012年7月

挥洒画笔　扬帆远航

——六年级学生毕业寄语

盛夏季节生命在拔节，六年级学生毕业在即，临别寄语共勉——用知识填补生命的空白。

蓝天用彩云和日月星辰来填补它的空白；大海用鱼儿和船帆来填补它的空白；山峰用岩石和草木来填补它的空白，那么同学们，我们该用什么填补自己的空白呢？

少年时代是一本太仓促的书，来不及回味、来不及思索，两千页就这样匆匆翻过。遥想六年前带着一身稚气，你们怀着几许好奇走进小学，开始了人生中第一阶段的学习生活，是母校和老师们的辛勤培育，使你们由一个个懵懂无知的幼童，成长为有知识、能独立、懂感恩的健康少年。六年风雨同舟，六载心心相印，背影虽然渐行渐远，但是课堂里、操场上、长廊中、树荫下、花丛旁，500 双或深或浅或大或小的足迹依然清晰，从此你们知道了学习的艰辛与快乐，你们懂得了人生的价值与感恩。

每个人一出生都是一张空白的纸，需要你用一生的时间去填补。爱迪生以 1000 多项发明来填写他那张空白的纸；莎士比亚以 30 多篇著名的小说和 140 多首诗歌来填写他那张空白的纸；普希金以 1000 多首脍炙人口的诗来填写他那张空白的纸。那么同学们，在库尔勒市第一小学你学会了用什么来填写你那张空白的纸呢？学校送给你的那支画笔不一定是最贵重的，但希望是你所有画笔中最得心应手的那一支；学校调色盘里的颜色不一定汇集天下所有颜色，但希望是能够把你那张空白的纸描画得最光彩耀人的那种颜色。

如今你们已经圆满完成小学六年学习生活，即将告别见证你们生命成长的母校和辛勤培育你们成长的恩师，走进中学的大门，去迎接新的学习征程，进入人生第二个阶段的学习生活，我相信在中学这块沃土中你们会更加努力拼搏，扬帆起航，挥洒画笔，描绘青春的活力，成长的体验，成功的喜悦，用蓬勃生机缔造美好明天！

2015年5月

深度走近教育大师——苏霍姆林斯基

——学习教育名家读书心得

这里是一个到处有书、人人有藏书、有自己反复阅读的世界名著的“热爱书籍的世界”；一座每面墙壁都为孩子们敞开世界之窗、与孩子们对话并激发其思考的知识殿堂；一所向自然开放、以自然为师的“蓝天下的学校”；一个有花节、鸟节、母亲节、女儿节、首次铃声节等各种节日，洋溢着真善美气氛的精神乐园；一个教师和学生都可能忘记自己身份，人人都可能以学习者或教育者姿态出现的学习型学校；这真是一个矗立于坚实大地上的教育“理想国”。这所学校就是伟大的教育家苏霍姆林斯基领导的学校——帕夫雷什中学。

苏联当代著名教育家苏霍姆林斯基是一位具有 30 多年教育实践经验的教育理论家和教育实践家，俄罗斯联邦教育科学院和苏联教育科学院通讯院士。1918 年 9 月 28 日出生在乌克兰一个叫瓦西里耶夫卡村的一个贫困家庭。1970 年 9 月 2 日病逝。一生著有 41 部专著和小册子，600 多篇论文，约 1200 篇文艺作品，是跨越国界的杰出教育家。他当年的探索足迹具有永恒的再探索价值。

改革开放以来，多种教育思潮和教育理论大量涌入国内，都曾给予人们巨大的惊喜与深刻的启示，但其传播的广度、深度与持续时间，都无法与苏霍姆林斯基比肩，这是为什么？他只受过 8 年学校教育和 2 年函授教育，为何能成长为有世界影响力的教育家？他从事实际工作，为何能拥有极为丰富的思想和理论？他领导的帕夫雷什中学是所偏僻的农村中学，为何能成为国际著名的教育实践基地，成了各国教育工作者心中的圣地？带着虔诚的崇敬之情，我和学科带头人开始重新系统全面地阅读有关苏霍姆林斯基的著作，收获了宝贵的精神财富，切身感受到所有加冕于苏霍姆林斯基身上的荣誉是那么的贴切。苏霍姆林斯基的成长道路具有启发性：他具有丰富的经历、丰富的著作和丰富的精神世界。既是教育实践家，又是教育思想家，教育理论家，教育改革家，学校管理专家。既是教育工作的导师，更是不可多得的做人典范。他的经历和教育思想既是珍贵的教育遗产，又有重大的现实影响。苏霍姆林斯基的和谐教育思想的基本内涵是对儿童身心发展规律的切合，与自然、与社会生产生活的结合，教育各要素各环节间的相互协调，积极的有张力的和谐，教育过程中正反两方面的辩证统一，体现了教育的目的性、全面性、持久性、发展性、多样性、创造性等诸多性质，充满了教育的美感，自然、均衡、有节奏、有分寸，即重长远又重眼前，重大处又重细节，有度有致，如同呼吸一样自然顺畅。苏霍姆林斯基最重要的是具备以“爱孩子”为核心的崇高品质，他将感受孩子精神世界的能力，视为教师最重要的品质，他认为孩子每天都是新的，都有可能出现他从未认识的东西，都会使他产生新的惊奇感。他认为，用理智与心灵认识人不仅是一种认识活动，也是一项审美活动，以审美态度去认识儿童，就会产生无限欢乐。

走近苏霍姆林斯基让我深深感悟：教育家个体成长规律，并非现成地存在于他们的传记之中，而是在读者与之对话之中互动生成的，对话越深入，收获也就越丰富，越深刻。多读大教育家的传记，相信每一位以自己的眼光去阅读他们的读者，都能从中获得属于自己的发现与感悟。

作为在基层学校工作的校长，我愿与同仁们分享并苏霍姆林斯基的教育理想——办一所值得孩子们怀念的学校：“我向一年级学生和毕业生提出我最终的愿望：在回忆起学校的铃声和你的课桌时，在回忆起教科书和肃静的课堂时，要让那激动和崇敬的感情一辈子保留在你的心里。在长大成人之后路过学校时，你们要摘下帽子，带着爱恋和感激的深情，怀念在学校里度过的岁月。”

2013年2月

激情满怀　执着追求

——全国第32届“红双喜·向阳杯”乒乓球比赛感悟

2011年是令新疆“天鹅故乡、幸福梨城、宜居家园”的库尔勒市难忘的一年。这一年是中国共产党成立90周年，这一年是实施“十二五”规划开局之年，这一年全国“向阳杯”足迹走过祖国的山山水水，终于来到了雄浑开放的新疆，来到了天鹅故乡美丽库尔勒，来到了50年辉煌校史的库尔勒市第一小学！成为“向阳杯”这个光荣群体的一员是我们的幸福，承办这个载入史册的时刻是我们的幸运！

2011年8月1日至5日，由国家体育总局乒乓球羽毛球运动管理中心主办，中国乒协少委会“向阳杯”执委会、库尔勒市人民政府、巴州体育局、库尔勒市第一小学共同承办的第三十二届“红双喜·巴州电信向阳杯”全国少儿乒乓球比赛、第二届“向阳杯”全国小学课堂教学大赛在新疆库尔勒市巴音体育馆和库尔勒市第一小学隆重召开，活动取得了空前成功，得到了国家体育总局乒羽运动管理中心的高度评价，被刘凤岩主任誉为：“全国青少年最高规格的开幕式和最好的比赛！”通过承办第32届“向阳杯”大赛，提高了新疆库尔勒市在全国的知名度，加强了与全国兄弟省市乒乓球运动交流，提高了新疆巴州地区小学生乒乓球运动普及率与技术水平，发现和培养了库尔勒市小学生乒乓球运动的后备人才，促进了疆内外各学校教育教学交流和教学水平的提高，推动了库尔勒市文化体育教育事业的蓬勃发展，促进了库尔勒市经济社会发展，提升了库尔勒市在全疆乃至西北五省的影响力，产生了重大而深远的意义。

第32届“向阳杯”的成功举办，不仅对库尔勒市第一小学来说是史无前例的大事，对库尔勒市、全巴州乃至全疆来说都有深远意义。因此，学校领导多次向库尔勒市委、市政府、市教育局领导汇报第32届“向阳杯”筹备工作，各级领导高度重视，库尔勒市委书记薛斌说：“要举全市之力着力办好第32届“向阳杯”全国少儿乒乓球大赛。”全市上下以“我参与、我奉献、我快乐”的奥运志愿精神全身心投入各项服务工作中：全力做好赛事宣传报道、推广工作，全城公交车和主要街道悬挂彩旗横幅，营造良好的比赛氛围；想方设法发动一切力量为参赛队订购返程飞机、火车、汽车票共计千人次，保障往返交通无忧；高标准严要求组建培训裁判员队伍，保障竞赛公正执法；精心策划筹备极具地域特色的开幕式，主题确定为：“塞外明珠——梨城我的家”，精彩演出令人难忘;开展历时三个月全市“向阳杯”吉祥物、奖杯、纪念章设计大赛和摄影大赛，展示地域特色文化；精心准备的新疆风味美食和甜美瓜果让人赞不绝口；课堂教学大赛质量高、水平高、人数多、效果好，专家点评既精彩又有深度，使人耳目一新；供电、消防、医疗、安全保障工作细致到位，把处处充满和谐的梨城展现给世人！尤其是库尔勒市第一小学的140名志愿者教师们，在工作中努力做到了微笑服务、贴心服务、全程服务、跟踪服务，细微周到，无微不至，工作中顾大局、讲团结、讲奉献，随时为所有的来宾解决所有的困难，她们用微笑迎接八方来客，用真心奉献、友爱互助让所有来宾感觉到家的温暖，她们是梨城库尔勒的骄傲！

我们骄傲：32年和谐向上的向阳精神积淀成厚重的乒乓底蕴，造就了一批批思想有远见，行为有创新，教学有个性的优秀乒乓教师，培育了一代代品行端正、健康向上、大有作为的乒乓优秀人才，因而“向阳杯”成为激励学校乒乓事业一直可持续发展的内在动力和源泉……

我们坚信：32年中有太多的经典传唱令我们激情澎湃，我们会让它持续精彩纷呈；32年中有太多的绚烂时刻值得我们铭记，我们能把绚烂延续成不朽；32年中有太多丰碑让我们震撼，只有不断超越的力量，才能推动我们继续前行。

开启新的长路，路上有健康，有书香，有童真，有执着。所有因乒乓教育而聚的我们，会让源自教育大地基石的声音永远叮咚有声……

2011年8月

永远感恩祖国　感恩党

——库尔勒市第一小学塑胶操场揭幕有感

金秋九月，瓜果飘香。学校塑胶操场及其配套设施正式完工，在新学年开始投入使用！

学校的塑胶操场及其配套设施投资总额为 247.28 万元，新厕所 90 万元，新围墙 58 万元，传达室 12 万元，大门二十四节气通道 56 万，合计共 460 万元，从此彻底改变了学校的环境面貌，学校变得干净、美丽、优雅，同学们可以在塑胶操场尽情运动了！这一切都倾注着党和政府对我们师生的爱和关心！

现在谈论感恩这个话题，具有相当广泛的社会意义。一方面，不少成年人被“金钱万能”所左右，自私自利，只认钱，不认人，只讲索取不讲回报，淳朴之风、感恩之心日渐萎缩；另一方面，独生子女过分受宠，衣来伸手，饭来张口，不知体贴父母亲，虽然能背诵“谁知盘中餐，粒粒皆辛苦”“慈母手中线，游子身上衣”，可是自我中心意识在家人的不断纵容中强化。因此，感恩教育要将学校教育、社会教育、家庭教育结合起来，让我们共同学会爱，学会感恩，懂得回报，做一个大写的人，去更好地报效祖国吧！

从今天开始，我们每个人都有义务有责任珍惜爱护脚下这片操场，不破坏，长保养，体现市一小师生良好素养！每天路过二十四节气图感受浓浓祖国传统文化情！让我们热爱我们伟大的祖国，伟大的中华民族，为自己是一个中国人感到自豪！让我们感谢祖国，感谢人民，我们一定要以实际行动和优异的成绩来回报祖国和人民的爱！我们要意识到肩上的责任，任重而道远。怎样回报祖国呢？那就是：读好书，做好人！只有坚持不懈，我们才可以不辜负祖国，无愧于祖国，才能成为祖国和人民的骄傲。

祝愿伟大的祖国永远繁荣昌盛！

2014年9月

一小赋

——库尔勒市第一小学赋

2014 年，学校建校 55 周年之际，喜逢国庆 65 周年和巴州 60 周年大庆，新修校门、塑胶操场、加固围墙、重建厕所等项目全部完工，标志着近十年学校新建重建教学工程全部完成，至此学校将以崭新面貌开启教育新航程。谨此作赋，感恩伟大的中国共产党和亲爱的祖国。

历史一小，和谐厚重。百年大计，教育为本，振兴中华，首在蒙童。五十五载，风雨沧桑，梨城名校，历史悠长。躬耕不辍，哺育桃李，艰苦创业，薪火传承。崇文重教，自强不息，敢为人先，追求卓越。盛世欣逢，新篇永续，爱岗敬业，精神永雄。有道是：昨日，前人导师先路奋力开拓；今朝，吾辈踵事增华不懈攀登。

人文一小，满目皆春。与时俱进，民主法治，风清气正，友善互助。创新理念，以人为本，情系学生，锻铸师魂。环境优雅，合欢烂漫，报栏画亭，处处育人。教风和煦，乐于奉献，教学相长，争育栋梁。学风浓厚，爱国爱党，诚实守信，文明有礼。正所谓：一小为师生成长之乐园，事业辉煌之佳境。

创新一小，异彩纷呈。素质教育，内涵发展，强化实践，完善评价。和谐德育，博学雅行，行为规范，达远求真。课程改革，起步最先，电化教育，珠心算术，注题实验，目标教学，书法创建，少教多学……深化改革，立足校本，以生为本，常规创优。课题导航，青蓝工程，三杯竞赛，研修为本。达共识：凝聚正能量，实现中国梦。

魅力一小，润物无声。做人求学，小学伊始，心窗乍开，初揭慧根。写字课上，字字写意，甲骨遗风，汉魏精神；阅读课里，传承经典，蒙先智慧，唐宋风韵；大课间时，师生欢娱，艺术拓展，画意诗情；科技科幻，七巧数棋，启蒙启智，激发潜能；信息发展，超时越空，资源共享，造就人才；校园四节，面向全体，人人参与，全面发展。人皆曰：一小乃英才之摇篮，栋梁之苗圃。

辉煌一小，硕果累累。光阴荏苒，岁月如歌，扬帆远航，乘风破浪。名师云集，人才辈出，数千成就，旌旗高耸。创建示范，带动引领。家长满意，社会称赞。回眸过去，励精图治，展望未来，激情奔涌。勤学博采，厚德明志，任重道远，众志成城。筑丰碑：浓墨重彩谱教育华章，熠熠生辉奏时代新篇。

美哉，一小！岁月流金，振一路雄风！

壮哉，一小！流金岁月，看壮志凌云！

唤醒尘封的记忆　吟唱新时代的欢歌

——库尔勒市第一小学五十周年校庆邀请书

五十年雨露春风，孕育了万千桃李；五十年星移斗转，一代代一小同仁在这片沃土上，艰苦努力、励精图治，培育了灿若星辰的优秀人才，谱写了一小绚丽的历史华章。

成为这个光荣群体的一员是我们的幸福，见证这个载入史册的时刻是我们的幸运！尊敬的校友，母校取得的成绩离不开您的关心和支持。因为有了您，母校书声不竭、花香不断；因为有了您，母校声名鹊起、好评如潮；因为有了您，母校才铸就了五十年的辉煌。在此，我们谨向多年来一直关心、热爱母校的校友表示由衷的感谢和亲切的问候！为了庆贺这来之不易的成绩，感谢各级党委、政府及社会各界人士对学校的亲切关怀与支持，沟通、加强校友与母校的深挚情感，慰藉几代教育工作者辛勤耕耘、无私奉献的情怀，学校将于 2009 年 9 月 26 日举办“库尔勒市第一小学建校五十周年校庆庆典”活动，我们热忱欢迎社会各界人士和五湖四海的校友们，拨冗莅临，畅叙相聚情缘，共襄学校盛举。

岁月如烟，掩不去深深情谊;山高水长，长不过切切思念。多少次洒扫庭院，掩不去校友留下的深深足迹；多少个寒来暑往，模糊不了校友那一张张纯真的笑脸。昔日您以母校为荣，今天，母校因您而骄傲。校友们虽天南地北，人各一方，然人远室迩，天涯咫尺。忘不了春蚕红烛，阶石人梯；忘不了母校恩情，天高地厚；忘不了学友谊笃，地老天荒；忘不了同享欢乐，共渡难关……

在这五十周年校庆的大喜日子里，母校挚诚地邀请您重返美丽校园，不论您现在身在何处，母校都始终深情地呼唤您：回家看看！看一看梦中的母校发生了多大的变化，数一数老师的鬓角又添了几丝白发？感受一下同学的话语是否还像当年那样纯真——期待与您相聚母校！让我们用真情去唤醒尘封的记忆，再次感受学生时代青春的勃发和激情喷薄的理想追求，聆听母校向您述说自强不息的骄人故事，吟唱与时俱进的新时代的欢歌，共谱库尔勒市第一小学美好明天的新篇章！

恭祝您身体健康，全家幸福，万事如意！

2009年6月1日

而今迈步从头越

——库尔勒市第一小学五十年校庆感言

岁月如歌，风雨兼程，春华秋实，桃李满天。

五十华诞，盛事乐章，历史厚重，薪火传承。

庆典隆重，节目精彩，画册精美，展馆恢宏，

文化浓厚，喜庆热烈，凝聚人心，振奋精神。

热爱教育，珍惜相聚，领导关怀，嘉宾垂爱。

泪花相映，畅叙情怀，激情澎湃，生命勃发。

承载希望，厚德育人，奠基未来，铸就辉煌，

铭记历史，创新发展，欢乐笑颜，时光永驻！

2009年12月

做教育的实干家、奋斗者

——2018 年全国少儿“向阳杯”教学论坛学习感悟

在绚丽美好的金秋十月，库尔勒市第一小学迎来了全国少儿乒乓“向阳杯”的贵宾们，以乒乓搭台教学唱戏，展示“向阳杯”成员学校风采。全国少儿“向阳杯”历经 39 年，在全国青少年乒乓教学界中久负盛名，这些成员学校不仅为培养乒乓世界冠军输送了大量优秀苗子，在学校办学成效方面都是当地实力超强的名校，库尔勒市第一小学作为“向阳杯”成员学校不断从这个优秀团队获取智慧，我们感到无上荣幸。本次活动以“成为更具胜任力教师”为主题，充分发挥名校名师示范引领作用，促进“向阳杯”成员学校教育教学交流，推动教师队伍建设。

习近平总书记在全国教育工作大会上发表重要讲话，从民族复兴的战略高度，系统总结了我国教育事业的成就与经验，深刻阐明了“培养什么人、如何培养人、为谁培养人”等教育的根本问题，为教育的发展指明了方向和路径，这也对教师提出更高要求。正是基于这些思考，我们以“成为更具胜任力教师”专题的形式对教师的发展素养和关键能力进行探讨：教师的哪些素养亟待发展？学科育人价值如何实现？关键能力如何在教育教学生涯中找到脚手架、顺势而为？如何成为不可替代的教师？学校作为促进教师专业发展的天然共同体，能为教师专业成长创造什么条件和机会？“向阳杯”知名校长和一线优秀教师，在比赛中展现出他们多年的智慧结晶，深度剖析实践操作技巧，用他们的思想开启我们的思想，用他们的实践促进更多的提升。

“善之本在教，教之本在师”。教师传播知识，更教导人的心灵，教师能唤醒良知，增进美好，扩充光明，止于至善。教师的工作关系到每个青少年学生的知识习得、智力养成和品格培养，这就关系到国家和民族的未来。深圳西丽小学张光富校长带领优秀教师团队用好电影来学习建设社会主义核心价值观，建设学生自己的思想道德、精神世界，真正将“为党育人、为国育才”落到了实处，开启了我们的思想。

我们要明了未来教育的发展趋势，不断在创新教育教学方法、坚持提升课堂质量、努力拓展教育资源、深入关怀学生生命成长等方面下功夫。安徽合肥南门小学的何炜校长带来专题讲座——校本课程如同百年校史，历经千锤百炼积淀成如今缤纷夺目的样子，给予我们很好的示范与引领。

《尚书》有言，“非知之艰，行之惟艰”。甘肃兰州白银路小学董文莉校长带来家校共育工作的专题讲座唤醒和孕育了家长的陪伴意识，家校携手一同参与孩子的生命成长，让我们收获颇多，希望我们教育工作者日行一善，日进其业，日新我德，夙兴夜寐，贯彻始终，以奋进之笔书写新时代中国教育的得意之作。

“空谈误国，实干兴邦”，唯有“知行合一”才能将美好的蓝图描绘到底。甘肃兰州市城关区教研室体育教研员杨帆展示了城关区体育特色项目的建设，以“一个结合、两个面向、三个支撑、四个落实”几个关键点为突破口，一切为了学生的健康、幸福和成长，取得显著成果，给予我们很好的借鉴作用。

“阳春布德泽，万物生光辉”。新时代是实践者的时代，是奋斗者的时代，新时代的中国教育需要实干家、奋斗者。成为更具胜任力的教师，这就需要学校教育工作者从每天的工作入手，备好每一次教案，上好每一堂课，批改好每一份作业，教好每一名学生，培育担当民族复兴大任的时代新人，让中国真正实现教育现代化，建成社会主义现代化强国，为办好人民满意的教育而不断贡献力量。

国雅赋

——实验小学赋

悠悠岁月，长葆芳华之姿，广纳华夏一州之瑞气，培育幼苗已结花果，收养四十孤儿有大爱，滋养小树已成栋梁。三十轮春秋，几番更名号，不改初衷，为国育才有担当。

当代中国，正逢盛明之世，启程实小，要建国雅之堂。阅古览今，倡导雅教雅育；披肝沥胆，培养雅士雅风；花木葱葱，时时见雅苑雅景；屋宇灿灿，处处生雅意雅思。教学相长，追求知识之博雅渊雅；师生共勉，陶冶胸襟之宽雅和雅。立远志，铸造儒雅文雅之美质；展宏图，练就清雅优雅之良才。习雅趣雅好，争列秀雅典雅之上品；守雅信雅道，必达大雅精雅之高标。是以赞之：倡导国雅教育，传扬使命担当，名为小学校，实为国雅堂。

2019年2月

后记

斗转星移，花开花落，在教书育人的岗位上，我耕耘了 36 年。回首走过的岁月颇感欣慰，一步一步，踏实，明确，深入。教书育人的酸甜苦辣，有汗水，也有鲜花，更有那桃李对春风弥足珍贵的缕缕真情。因而我时刻不敢忘怀肩负的那份责任：永远给自己有追求的目标，永远给自己一个奋斗前进的方向。正是持有这一初心，才使我不敢懈怠，常自我检省，催己奋进。

从教以来，内心始终被一束束光亮照耀着，那就是党的滋润、组织的培养、朋友的厚爱、同事们的支持。正是因为充满这样的光亮，心田中有源源不断的清泉浸润和冲洗，经历了这样那样反复回环的锤炼，使我渐渐升华。自始至终对教育事业充满热情，从一个狭小的自我天地中破茧而出，成全了自己的平和与柔韧，渐渐看到更深邃的人生与宇宙，在学校管理的岗位上，日臻成熟，逐渐成长，一路走来。

教育是一个师生生命相伴成长的过程。生命的成长必须有深刻的印迹，美好的校园生活必须给学生留下值得回味的故事。人生自有诗意，诗意美在四季。不同的时期会有不同的思考。无论当教师，还是做校长，我不敢也不能忘记沉甸甸的责任，记录下所言所想。每一段文字都是纪念，且让这细微的思考，起于唇齿，藏于岁月。是这份责任让我坚持下来，看更多的风景打动自己的视觉，看更多的书籍开拓自己的视野，与更多的人沟通交流，凝练自己的眼界。

我常怀着感恩的心情，感谢帮助过我的朋友、领导、同事。尤其值得一提的是库尔勒市第一小学老校长王美荣，是她教会我学校管理的本领和技巧。从她身上，我看到了博大、宽容、热忱以及庄重。而我正是在她的影响、熏陶下，才能狷介自守，不骄不躁，淡然对待荣誉，让桂冠回归它的本质。那些过往、那些感动、那些温暖，早已凝固成我内心的记忆和永恒的美丽。

如今，韶华远走，岁月流逝。用什么给自己的教坛生涯做为回报？我郑重选择以文字的方式，对党和人民一个交代，给同行一些启示，给青年教师一点镜鉴。如今，粗浅的文字终于编辑竣稿，即将付梓，顿感释然。对于我，是心愿的满足和一件事情的终结。

喷泉之所以漂亮是因为有压力；瀑布之所以壮观是因为没有退路；水之所以穿石是因为有了目标……没有压力的生活，不可能精彩；有退路的生活做什么都不会竭尽全力；没有目标的生活，平淡无味。为目标、为梦想添砖加瓦，生活才会充满激情与动力。

“不积跬步无以至千里，不积小流无以成江海”。我认为校长要写好两本书，一本是无字之书，就是办好一所学校，一本是有字之书，要把自己多年来的教育思想、教育理念、教育实践进行梳理升华，传播传承，发扬光大。我将平日里记录下的随笔、感悟、体验，整理成册，是对自己工作的回顾，同时是对自己的反省和鞭策，也是对社会的反哺。为了让教师、家长，在教育孩子这个永远的课题中，多些启迪，少些弯路。

2020 年，我将继续教书育人的职业生涯，将在众人关爱的目光中，不忘初心，借风行舟，踏实前行。

在编写过程中，我得到了很多朋友们的支持和帮助，再次表示衷心感谢。由于时间仓促，水平有限，不当之处恳请各位给予指正。

2020年1月